―― 들어가며 ――

　서른두 살에 이르러서야, 여행을 핑계 삼아 과거의 나를 '책'이라는 물리적인 형태로 묶어둘 수 있게 됐다. 처음부터 책을 쓰려고 했던 건 아니었다. 어느 날 떠오른 충동에 따랐을 뿐.
　누구나 결점 하나쯤은 안고 살아간다. 완벽을 추구할 수는 있지만, 완벽할 수는 없는 것이다. 그 진리를 나의 과감함으로 삼았다. 아저씨가 되어서까지 나를 보여지기 좋게 포장하고 싶지 않았다.
　'지금 나는 뭔가 되려 하고 있다.'
　자신을 드러내는 동안, 마음 깊은 곳에서 뭔가 느껴진다. 그것은 알보다 번데기의 형태에 가까운 듯하다. 미약하게, 그러나 분명히 꿈틀거린다. 뭐라도 해보려고 발버둥 치면서 알게 된 것은, 아무것도 아닌 나라서 뭐든 될 수 있다는 것. 뭐가 될지는 모르겠지만, 뭐라도 되겠지. 너무 복잡하게 생각하지 않기로 한다.
　아무 조건 없이 내 꿈을 부양할 수 있는 건 오직 나뿐이다.라는 말을 정말 좋아한다. 적어도 내 편이 한 명쯤은 있다는 거니까. 현대 사회에서 정신 승리하는 법을 일찍이 깨우치지 못하면, 살기 쉽지 않다고 생각한다.
　내가 그랬던 것처럼, 누군가 내 이야기로 사소한 계기를 얻게 된다면 기쁠 것 같다. 어떤 모습으로든 성장할 우리를 기대한다.

2025.06.07 화창한 토요일
대전 어느 빵집 테라스에서

아무것도 아닌 내가 뭐라도 할 수 있을까

초판 1쇄 32부 발행 2025년 6월 25일

2판 1쇄 발행 2025년 07월 24일

제 작	안승환
펴낸곳	아랫동각
ISBN	979-11-992305-1-4 (03810)
인스타그램	@anchive94
유튜브	안카이브 Anchive

Copyright ⓒ 2025 An SeungHwan

이 도서의 모든 내용은 작가가 직접 작성하였습니다.

〈 아무것도 아닌 내가 〉
첫 번째 이야기

아무것도 아닌 내가 뭐라도 할 수 있을까

프롤로그 → 10

D-452
2919 → 13
영혼을 끌어모아 → 18
초심자의 행운 → 21
🍪 자퇴할게요 → 24

D-126
인크레더블 인디아! → 27
히만슈 → 36
파테푸르 시크리 → 45
싸우스 꼬리아 빠워 → 54
아리가또 마이 쁘렌드 → 58
망나소 방갑씀니다 → 64
🍪 안승환 → 70

D-96

No Thanks → 74

여행자들의 블랙홀, 다합 → 78

충분한 나일 강도 당신의 친절에 만족할 것입니다 → 84

요르단 패스 → 90

🍪 No plan is the best plan → 98

D-76

로마의 크로키 → 101

루다스, 토퓌르되, 미슈콜츠 그리고 무임승차 → 105

고급 살롱 → 112

10달러 → 117

🍪 사람은 추억으로 살아간다 → 125

D-34

모르스키에 오코 → 128

신밧드의 (32시간) 모험 → 134

#I Love NICE → 143

D-day

happy birthday to me → 152

🍪 블로그 체험단 → 158

D+15

Team TCA → 162

놀러오세요 사미의 집 → 170

고객님 배낭이 누락됐어요 → 179

D+130

두 번째 스물아홉 살 → 187

시스템 동바리 → 191

🍪 나를 쌓는 3가지 → 196

D+177

꾸따 최악의 호스텔 → 203

USIM 얼마에 사셨어요 → 207

따이와 브로모 화산 → 211

자카르타 핸섬보이 밤방 → 216

에필로그 → 222

프롤로그

'좋아하는 일을 찾기만 하면 나도 모든 걸 쏟아부을 텐데.'
 스물아홉 살이 되던 해, 나는 좌절했다. 모아놓은 돈 같은 건 없었고, 마땅한 스펙도 없었다. 무엇보다 딱히 하고 싶은 게 없었다. 나는 가진 게 아무것도 없었다.
 이십 대는 기다림의 연속이었다. 누구나 하나쯤은 갖고 있다는 재능이 만개하길 마냥 기다렸다. '가슴 뛰는 일'을 찾기만 하면 재능이 내 인생을 견인해 줄 거라 믿었다. 우유부단했다. 정신 차렸을 때, 나는 이미 이십 대 끝자락에 내몰려 있었다.
 스물아홉 살에 우연히 방문한 중고 서점에서 〈스물아홉 생일, 1년 후 죽기로 결심했다〉를 10년 만에 재회했다. 오랜 시간이 지났지만, 처음 마주했을 때 그 모습 그대로였다.
 집에 오자마자 책을 펼쳤다. 작가가 스물아홉 살에 그랬던 것처럼, 나에게도 어떤 간절함이 우연히 피어오르길 바랐다. 그런 드라마틱한 일은 일어나지 않았다. 나는 나태했고, 오만했으며, 무지했다.
 왜 지금에서야 이 책을 다시 조우했는지 알고 싶었다. 분명 이유가 있을 터였다. 그렇게라도 믿지 않으면 다시 어영부영 살 것 같아서.
 당시 세계여행 유튜버들의 영상이 인기를 끌었다. 처음엔 그저 재미로 보기 시작했다. 그들은 상식이 통하지 않는 낯선 땅에서 화를 내기도 하고, 뜻밖의 인연을 만나 즐거운 시간을 보내기도 했으며, 자신의 무력감에 눈물을 흘리기도 했다.

　그럼에도 그들은 멈추지 않았다. 누가 시켜서 하는 것도 아닌데, 넘어져도 포기하지 않는 이유가 궁금했다. 또한 차곡차곡 '나만의 이야기'가 쌓여가는 그들의 플레이리스트가 부러웠다.

　변하고 싶었다. 이십 대가 끝나기 전에 뭐라도 좋으니, 하나라도 제대로 해내고 싶었다. 아무것도 아닌 내가 뭐라도 할 수 있을까? 어디서부터 꼬였는지 모를 인생의 실뭉치에 머리는 복잡해져만 갔다.

　'에라 모르겠다. 어떻게든 되겠지.'

　서툰 영어로 당당히 미지의 세계를 밟아나가는 유튜버들을 보면서, 그들처럼 뭔가 이뤄보고 싶었다. 막연한 두려움이 앞섰지만 직접 가보지 않으면 모를 일이었다. 비행기를 타든, 이불을 뒤집어쓰고 있든 이십 대가 끝난다는 사실은 변함없었다. 살면서 두 번 다시 이런 고민을 할 수 있는 기회마저 없을 것 같았다. 그렇게 믿고 싶었고, 그래야 했다.

　비록 등 떠밀리듯 오른 비행기였지만, 어떻게든 한 걸음 내딛기는 했다. 이 여행에서 무슨 일을 겪을지 전혀 알 수 없지만, 아무것도 아닌 내가 할 수 있었던 유일한 방법이었다고 믿는다.

2919

한국

    2022년 1월의 어느 하루. 스물아홉 번째 생일까지 약 90일을 앞두고 있던 날이었다. 실수로 30분 일찍 사무실 입구에 도착했다. 조기 출근만큼은 하고 싶지 않았다. 발길을 돌려 옆 건물 중고 서점으로 피신했다.
    서점 특유의 차분하고 정적인 분위기가 좋았다. 수많은 사람들의 손길을 거쳤을, 지저분한 중고 도서의 흔적마저 하나의 정취로 느껴졌다. 그것들은 저마다 개성을 뽐내며 새로운 주인을 마냥 기다린다.
    서점에서 딱히 뭘 하지도 않았는데, 벌써 출근 시간이 됐다. DNA가 온몸을 비틀며 저항한다. 집에 가고 싶다고. 원래 직장인이 다 이런 건가?
    자리에서 일어나려던 그 순간, 강렬한 기시감이 느껴졌다. 도서 선반 구석에 꽂혀 있는 한 권의 책. 그것과 눈이 마주쳤다. 〈스물아홉 생일, 1년 후 죽기로 결심했다〉. 나는 언젠가 이 책을 본 적이 있다.

고등학교 3학년 때 일이었다. 나름 성적 관리를 잘 해둔 덕분에, 대학은 일찍이 정해놓은 상태였다. 공부하기 싫어서 선생님들께 더 좋은 대학을 준비한다는 핑계로 수업을 빠져나왔다. 몇몇 친구들과 도서실에서 자유롭게 면접을 준비했다.

"태어날 때부터 누가 꿈이나 직업을 미리 정해주면 이런 고생 안 해도 될 텐데."

좋아하는 것도, 잘하는 것도 없는 평범하기 그지없는 우리들의 입버릇 중 하나였다. 뭘 위해 어떻게 노력해야 하는지도 모르는 채, 어른들의 조언에 따라 맹목적으로 대학 진학을 인생의 최우선 목표로 삼았다.

자신의 길을 개척한 위인들의 이야기가 좋았다. 자기소개서에 쓸 만한 취미는 아니었지만 말이다. 그들의 성장 배경, 삶의 고난, 위기를 극복해 나가는 무덤덤한 이야기가 좋았다. 넘볼 수 없는 경지에 다다른 사람들이 인간적인 면모를 드러낼 때면 '결국 다 같은 사람이구나.'하는 동질감마저 느껴진다.

선반에 놓인 책을 훑어본다. 하워드 슐츠, 조 지라드, 박지성... 응? 그 뒤를 잇는 책 한 권에 시선을 빼앗겼다. 〈스물아홉 생일, 1년 후 죽기로 결심했다〉. 소설인지, 에세이인지 모르겠다. 적어도 여기 놓일 장르는 아닌 거 같은데. 누가 대충 꽂아놓은 거겠지. 그러나 강렬한 제목에 샘솟는 호기심을 뿌리칠 수 없었다. 홀린 듯 책을 향해 손을 뻗었다. 그리고 10년이 흘렀다.

◆

나는 겁이 많다. 항상 리스크를 먼저 생각했고, 얻는 것보다 잃을 것에 민감하게 반응했다. 안정적인 선택을 해야 했고, 굴곡 없는 평평함을 최우선 가치로 여겼다. 어떤 실패도 없는 안정된 삶을 살았다. 그 결과, 지나온 시간에 아무런 발자국도 남아있지 않았다.
'지금까지 뭘 한 거지?'
질문은 꼬리에 꼬리를 물었다. 마땅히 떠올릴 기억이 없었다. 아무것도 한 게 없으니 당연한 일이었다. 10년이 지났지만, 나는 여전히 누군가 내 삶을 정해주길 바라고 있었다.
3년 다니던 영상 회사를 퇴사했다. 과중한 책임감을 더 이상 감당할 자신이 없었다. 프리랜서로 전향하는 게 낫다고 생각했다. 경력을 활용하면 더 많은 돈과 시간을 확보할 수 있을 거라는 자신이 있었다.
프리랜서를 선언하자마자 일감을 구하려고 열심히 지원서를 찔러 넣었다. 하지만 담당자들에게 내 이력서는 고작 스팸 메일에 불과했나 보다. 읽어주기라도 하면 다행이지. 한 달 동안 아무런 일거리도 얻지 못하니, 하늘을 찌르던 자신감은 땅으로 곤두박질쳤다.
2주 동안 이불에 갇혀 살았다. 불안으로부터 나를 방어하기 위한 방법이었다. 코로나 탓에 사람을 쉽게 만날 수도 없었다.(라고 변명하고 싶지만, 딱히 친구가 없었다.) 하루가 멀다 하고 배달 음식으로 끼니를 해결했고, 휴대폰을 충전기에 꽂은 채 하루 종일 이불에서 나오지 않았다. 화장실에 갈 때 잠깐 이불을 벗어났다.

서서히 녹슬어 가는 철 덩어리처럼, 내 마음은 서서히 부정적인 생각으로 침식되어 갔다. 이런 삶을 바란 게 아니었는데. 비참했다. 노력해도 안 되는 이런 인생에 도대체 무슨 의미가 있을까. 이대로 조용히 사라져도 괜찮겠다는 생각이 잠깐 들었다. 내 인생은 왜 이딴 식일까?

유일한 낙은 유튜버들의 세계여행 영상을 보는 거였다. 한국 밖은 무작정 위험한 곳이라고 믿어왔던 나에게, 여행자들의 행동은 무모하다 못해 어리석은 것이었다. 세계여행 같은 건 특별한 사람이 할 수 있는 '권리'라고 믿고 있었기 때문이다.

여행자들은 주변의 시선을 아랑곳하지 않고 자기가 하고 싶은 대로 했다. 그런 모습에 묘한 통쾌함이 느껴졌다. 더 나아가 미지의 세계를 거침없이 개척해 나가는 그들의 모습이 부럽기까지 했다.

'이 사람들의 자신감은 어디서 오는 걸까?'

아무것도 가진 게 없어 우울에 젖은 나에 비해, 꾸준히 뭔가를 해내는 그들이 부러웠다. 세계여행을 통해 자신을 좀 더 알게 됐다는 한 유튜버의 고백은 많은 생각을 하게 했다.

열심히 씨를 뿌려둔 덕분일까. 업체로부터 조금씩 연락이 오기 시작했다. 성실히 업무를 완수했더니 추가로 일거리가 따라왔다. 프리랜서로서 수행한 첫 업무는 페이가 적은 단순 영상 편집이었지만, 적어도 나는 일을 꽤 잘 한다는 자신감이 붙었다.

예고 없이 서점에서 마주친 한 권의 책이 머릿속에 맴돌았다. 왜 지금에서야 다시 만나야 했던 걸까? 나에게도 어떤 특이점이 온 것일지도 모른다고 생각했다. 그렇게 믿고 싶었다.

프리랜서 생활은 그다지 만족스럽지 못했다. 3년짜리 경력은 참 애매한 포지션이었다. 특별한 스킬 같은 게 없었으므로, 누구나 다 하는 저렴한 일거리만 담당했다.

그렇다고 이제 와서 역량을 계발하자니, 예전처럼 영상을 만드는 게 즐겁지 않았다. 이때 나는 더 이상 영상을 업으로 삼을 수 없다는 사실을 깨달았다. 모니터에서 여행 유튜버가 외국인들과 웃는 모습이 재생되고 있었다.

'나도 여행하면 뭔가 달라질 수 있지 않을까?'

변할 수만 있다면 기꺼이 그러고 싶었다.

무엇보다 한국에서 서른 살을 맞이하는 불상사만큼은 피하고 싶었다. 아직 현실을 받아들일 마음의 준비가 안 되었기 때문에.

그래서 미친 척하고 위험한 세상에 몸을 던져보기로 했다. 비겁하지만, 10년 만에 우연히 마주한 책 때문이라고 핑계대면서. 적어도 지금보다 나은 삶을 살 수 있지 않을까.

영혼을 끌어모아

한국

순식간에 시간이 흘러 어느덧 11월이 됐다. 30일 뒤면 인도에 있을 텐데 아무 느낌이 없다. 하물며 설렘, 긴장, 두려움 등의 간단한 감정조차도.

아득바득 모은 돈은 800만 원이 되었다. 가능한 한 오래 떠나 있으려면 돈이 더 필요했다. 딱히 귀국일을 정하지 않았고, 한국에 늦게 들어오고 싶었다. 돈은 많을수록 좋았다.

부족한 예산을 채우기 위해 갖고 있던 것들을 하나씩 점검하기 시작했다. 10개월 동안 매달 30만 원씩 저축해오던 적금 통장을 갖고 은행에 방문했다.

"고객님, 청년 우대금리 적금 상품이 자주 나오는 게 아니에요. 너무 아까워서 그래요. 다시 한번 생각해 보는 게 어떠세요?"

엄마뻘 돼 보이는 창구 직원의 진심 어린 조언은 전혀 틀린 말이 아니었다. 하지만 나에게 시간이 없었다. 원금 300만 원과 중도 해지 이자 13,304원이 통장에 들어왔다.

집에 돌아와서 '언젠가 쓰겠지'하며 쌓아두기만 했던 물건들을 정리했다. 여행에 데리고 갈 수 없는 녀석들을 주요 타겟으로 삼았다. 고사양 데스크탑 PC, 하이엔드 카메라와 렌즈들, 가구, 옷 등 돈이 될 만한 건 전부 팔았다.

사용하고 있던 고급형 16인치 노트북을 팔아 중저가형 13인치 노트북으로 교체했다. 비슷한 방식으로 다운그레이드해서 얻은 차액을 전부 여행 경비에 보탰다. 한 번도 쓰지 않고 쌓아두기만 했던 물건들을 치워버리고 나니, 아쉽기는커녕 왜 진즉에 처리하지 못했을까 싶을 정도로 속이 다 시원했다.

여행에 필요한 장비는 돈을 아끼기 위해 전부 중고 사이트에서 마련했다. 그중에서도 운동화는 각별히 신경 썼다. 신고 있던 운동화를 가져가려고 했지만, 여행 선배들이 꼭 튼튼하고 푹신한 신발을 챙겨야 한다고 거듭 강조했다. 새 상품은 15만 원이지만, 중고는 6만 원에 판매되고 있는 트레킹화를 구매했다. 베개 위를 걷는 듯한 푹신한 쿠션감이 일품이었다.

100만 원짜리 사진용 디지털카메라를 샀다. 당연히 중고로. 여행에 대한 로망이 하나 있었는데, 스트리트 포토그래퍼처럼 길거리에서 낯선 사람들과 인연을 만들어보고 싶었다. 그것을 사진으로 압축해 어떤 형식으로든 남겨보고 싶었다.

'새것 같은' 중고 카메라를 데리고 집에 왔다. 부엌에서 가져온 날카로운 가위 날 끝부분을 카메라 윗부분에 지그시 갖다 댔다.

'서걱- 서걱-'

삐뚤빼뚤한 글씨로 내 이름 세 글자를 새겨 넣었다. 이 마음은 평생 되팔지 않겠다는 다짐으로.

초심자의 행운

한국

출국 전날, 엄마의 배웅을 받아 오송역까지 이동한 뒤 KTX를 타고 서울에 도착했다. 전 직장 동료였던 지환이 형이 미리 알아둔 맛집에서 저녁 식사를 대접해 줬다.

"무언가를 찾아 나서는 도전은 언제나 '초심자의 행운'으로 시작해서 가혹한 시련으로 끝난다."

그가 어느 책에서 읽은 구절이라고 했다. 초심자의 행운이란 무언가를 시작하는 사람이 '운 좋게' 엄청난 결과를 얻는 걸 의미한다. 가혹한 시련은 뭔지 잘 모르겠다.

지환이 형은 세계여행 잘 다녀오라며 육즙 넘치는 두툼한 삼겹살, 풍부한 치즈가 탐욕스럽게 흘러내리는 피자와 시원한 맥주를 배불리 먹여줬다. 너무 많이 먹어서 정신이 알딸딸했다.

취기 어린 상태로 밤 12시 쯤 인천공항에 도착했다. 잠이 쏟아져 왔기 때문에, 출국 준비를 미리 끝내놓으려고 출국까지 7시간 남은 상태에서 체크인 데스크로 향했다.

"지금은 너무 이른 시간이라 3시간 뒤에 다시 오실게요."

체크인 시간이 따로 있는 거구나. 전혀 몰랐다. 볼이 발그레한 상태로 멍하니 벤치에 앉아 지환이 형이 말한 초심자의 행운에 대한 의미를 곱씹었다.

새벽 3시에 체크인이 시작됐다. 어디서 나타났는지 모를 사람들이 떼로 몰려와 순식간에 긴 줄을 이루었다. '뭐지?'하며 눈치만 보다가 헐레벌떡 사람들 뒤에 섰다. 30분이 지나서야 내 차례가 되었다.

"인도에서 나가는 티켓도 보여주시겠어요?"

"인도에 한 달 머물다가 이집트로 갈 거예요."

"죄송하지만 인도에서 나가는 비행기 티켓을 보여주셔야 탑승 수속을 도와드릴 수가 있어서요."

적당히 이집트에 가겠다는 생각만 하고 있었으므로, 당연히 인도에서 나가는 비행기 티켓 따위가 있을 리 없었다. 예상치 못한 상황에 당황스러웠다.

휴대폰을 통해 인도에서 이집트로 가는 항공권을 구매하려는데, 이유를 알 수 없는 카드 결제 에러가 발생했다. 카드를 바꿔서 시도해봤지만 똑같았다. 어처구니없는 상황에 슬슬 짜증이 났다.

문득 배낭에 있는 노트북이 떠올라 그걸로 시도했다. 한 번에 성공해버렸다. 도대체 뭐가 문제였던거지? 탑승권을 받고 짐 검사대를 지나 무사히 출국 수속을 마쳤다. 피로에 찌든 몸을 이코노미석에 앉혔다.

시작부터 삐걱거리는 이 여행, 괜찮은 걸까?

자퇴할게요

 2019년 1월 충북대학교를 자퇴했다. 2013년 입학할 때만 해도 소프트웨어 학부는 미래 유망 직종 중 하나로 꼽히던 분야였다. 2020년 코로나가 전 세계를 덮치면서, 많은 기업이 '디지털 대전환'이라는 뼈를 깎는 엄청난 변화를 도모했다. 이때 개발자 수요가 폭발하는, 이른바 '개발자 붐'이 일었다. 이미 현장에 있던 경력직 개발자들은 높은 연봉을 받고 이직했다. 황금빛 미래를 앞둔 분야에서 버티지 못하고 포기한 내 선택은 어쩌면 틀렸을지도 몰랐다.
 군 전역 후 2학년 겨울방학이 될 때까지 진로에 대해 많은 고민을 했다. 프로그래밍이 재밌다며 매일 밤을 지새우는 친구들도 있었지만, 지금껏 해온 게 아깝다며 포기하지 못하는 친구들도 많았다. 아이러니한 그 간극을 피부로 느끼면서도, 나는 어디에도 속하지 못했다.
 굳이 학교를 더 다녀야할 이유를 찾을 수 없었다. 그럼에도 졸업장은 일단 따놓는 게 좋다는 어른들의 조언을 종종 들었다. 틀린 말은 아니지만, 맞는 말도 아니었다. 적어도 나에게는 말이다.
 남자들 중에서 군대를 전역한 뒤, 180도 달라진 모습으로 성적을 끌어올리는 사례가 종종 목격되곤 했다. 소위 '정신 차렸다!'라고 표현했는데, 그런 놀라운 기적은 늘 그렇듯 나만은 빗겨갔다.

한번 내린 결정은 쉽게 되돌릴 수 없다는 것을 잘 알기에, 충분히 생각할 시간이 필요했다. 2년의 휴학 기간을 거친 뒤 한 가지 결론에 다다랐다.

'도저히 이 길을 평생 업으로 삼을 자신이 없다.'

어머니는 당신 목에 칼이 들어와도 있을 수 없는 일이라며 극구 반대하셨지만, 자식 이기는 부모는 없었다. 취업 전선에 뛰어드는 동기들을 멀리하고 나만의 길을 떠났다.

당차게 밝힌 포부에 비해 시간을 흥청망청 썼다. 일하고, 놀고, 먹고. 일하고, 놀고, 먹고. 사랑이라도 뜨겁게 해볼걸. 돌이켜보면 아쉬운 시기 중 하나지만, 오히려 삼십 대를 맞이하면서 그때처럼 흘러가는대로 살지 않겠다는 계기로 삼을 수 있었다.

대학교 자퇴에 대해서는 전혀 후회하지 않는다. 불안한 시간을 보낸 건 사실이지만, 뭐 어떤가. 어차피 미래가 보장된 것도 아닌데. 자퇴는 '내 미래를 책임지는 첫 걸음'이 되었다.

포기는 많은 용기가 필요하다. 방황하면서 쌓은 경험들이 모여 지금의 나를 만들어주었다. 또한 뭔가를 그만둔다는 것은 마냥 부끄러운 게 아니다. 원한다면 새로운 도전을 위한 기회로 만들 수도 있다. 경험을 어떻게 활용할 것인지 고민해 보는 태도가 중요하다고 생각한다. 대학교 자퇴 경험을 내 이야기로 사용한 것처럼.

궁전에서 쫓겨난 가짜 공주가
복수를 계획하고 있다.

인크레더블 인디아!

인도

한국을 떠난 비행기는 베트남을 경유해, 밤이 되어서야 인도에 도착했다. 어떻게 공항을 빠져나가 숙소로 향해야 할지 미리 준비해 두지 않았다. 나란 녀석. 거침없이 직진하는 사람들의 뒤꽁무니를 쫓아갈 뿐이었다. 간판에 적힌 영어와 이상한 문자를 발견하고 나서야 한국을 떠났음을 실감했다.

'진짜 외국에 왔구나.'

1층으로 내려가는 에스컬레이터에 발을 올렸다. 왼쪽 벽에 설치된 인디라 간디 공항의 시그니처 조형물인 '무드라'가 입국자들을 반겨주었다. 유독 천장 간판에 적힌 슬로건이 눈에 띄었다.

'Incredible India!'

아무 생각 없이 '마히팔퍼'라는 지역에 숙소를 잡았다. 공항에서 그리 멀지 않다고 생각했다. 그렇다. 나는 거리 감각이 그다지 좋지 않다. 막무가내로 부딪혀 보고 싶은 마음도 있었고.

유튜버들처럼 현지인들에게 호객 행위를 당하고, 뻔뻔히 물건값을 깎아보고, 소매치기를 당하는(?) 이벤트를 겪어보고 싶었다. 배낭에 자물쇠를 여러 개 채워놓았고, 비상용 지갑을 따로 구비하는 등 만반의 대비를 했다. 그럼에도 불구하고 사고가 발생했을 때 내가 어떻게 반응할지 궁금했다.

출국장을 나가면 다시 들어올 수 없다기에, 미리 ATM에서 인도 루피화를 인출했다. 한화로 치면 10만 원 정도. 출국장 경계선을 지나니, 밤인데도 셀 수 없이 많은 사람들이 분주하게 움직이고 있었다.

교과서에서나 본 검은색 히잡을 쓴 여성들이 걸어 다니고 있었고, 길바닥에는 개들이 세상 편하게 드러누워 코를 골며 자고 있었다. 개를 피해 다니는 사람들이 모습이 인상적이었다.

무사히 비행기에서 내렸다는 안도감에 긴장이 풀렸다. 급격히 피로감이 몰려왔다. 1분이라도 빨리 숙소에서 쉬고 싶은 마음이 간절했다. 그런데 USIM을 준비하지 않았기 때문에 인터넷을 사용할 수 없었다. 지도를 확인하려고 공공 WiFi 신호를 찾아다니고 있는데, 한 중년 남성이 슬그머니 다가와 말을 걸었다.

"유 쁘롬 재팬?"

"노 노 노. 코리아 코리아."

"오- 싸우th 고리아."

"예쓰. 하우 두유 노우?"

그는 씩 웃으며 말했다.

"코리아 이스 마이 브렌드~"

장난기가 발동했다.

"노스 코리아 이쓰 유어 프렌드 투?"

아저씨는 두 손 들어 자신은 결백하다는 제스쳐를 취했다. WiFi를 쓰게 해주겠단다. 그의 뒤를 따라 주차장에서 대기 중인 흰색 승합차 앞에 다다르자, 운전석에서 빨간색 점퍼를 입은 젊은 남자가 나왔다.

그가 공유해준 WiFi로 지도를 켜보니, 공항에서 4km 떨어진 거리에 숙소가 있었다. 빨간 점퍼의 남자는 코팅된 노란색 종이를 내밀었다. 'Fixed Price List'라면서 숙소까지 896루피면 된다고. 아직 루피화에 대한 개념이 없었으므로, 비싼 건지 아닌지 감이 잡히질 않았다.(한화 15,000원으로 결코 상식적인 가격은 아니다.) 나중에 다시 오겠다고 둘러대며 자리를 벗어났다.

걸어서 공항을 벗어나면 돈을 아낄 수 있으므로, 그렇게 하려고 했다. 1시간 넘게 배회했지만, 어떻게 해도 두 발로 공항을 벗어날 방법을 찾을 수 없었다.

◆

어쩔 수 없이 출국장으로 돌아왔는데, 처음 말을 걸었던 아저씨가 반갑다는 듯 웃으며 쫓아왔다. 시커먼 속내가 드러나보이는 그의 택시만큼은 타고 싶지 않았다.

"아이 띵크 모얼."

아이 띵크 모얼

"이츠 오케이, 마이 쁘렌드."

친구요? 어처구니가 없었다. 귀찮아서 무시했더니, 그는 기껏 찾은 호객님을 놓칠까 조바심이 났는지 필살기를 꺼내든다.

"700루피!"

896루피였던 택시비는 700을 지나 600, 500까지 내려갔다. 아깐 정찰제라며?

무거운 배낭을 오래 메고 있었던 탓에 다리가 아파왔다. 계단에 걸터앉았더니 아저씨는 이 순간을 놓치지 않았다. 더욱 공격적으로 영업 멘트를 퍼부어댔다. 아~ 진짜 귀찮게 하네! 하지만 감정을 분출할 여력조차 남아있지 않아서 그냥 두었다.

"유 탱킹맨~ 탱킹맨~"

혼잣말로 비아냥대더니 어디론가 가 버렸다. 탱킹맨이 뭐지? 인종비하 발언인가?('Think more'를 인도식으로 발음한 거였다.)

공항 입구를 지키고 있는 총 든 군인 아저씨에게 도움을 요청했다. 숙소 위치를 보여주면서, 택시를 타고 싶다고 했다. 험악한 인상과 달리 친절했던 게 반전이었다.

그는 지나가던 공항 직원 세 명을 붙잡았다. 그들이 추천해 준 500루피짜리 택시를 타고 무사히 숙소 앞까지 이동할 수 있었다.(나중에 안 사실이지만, 인디라 간디 공항에서 뉴델리역까지 60루피로 이동할 수 있는 지하철이 있었다.)

예약한 숙소에 가서 영어로 된 확정 예약서와 영수증을 직원에게 내밀었다. 직원은 모니터를 보더니 예약 내역이 없다고 했다. 나는 부족한 영어 실력으로 다시 한번 확인해달라고 했다. 예상치 못한 변수에 짜증이 확 치고 올라왔다, 제발 좀 쉬고 싶다.

30분이나 대화가 이어졌지만, 직원은 '예약 내역이 없습니다.'라고 할 뿐이었다. 내일 아침에 플랫폼 회사 고객센터로 문의해 보라는 말만 반복했다. 영어로 설명해야 할텐데, 그걸 내가 어떻게 하라고?

원하면 700루피에 방을 내어주겠다고 제안하기도 했다. 멘붕 그 자체였다. 어디서부터 잘못된 걸까. 감히 평범한 내가 세계여행 한다고 까불지 말았어야 했나. 세상으로부터 배척 당하는 것 같아 우울하다.

1시간 동안 근처 숙소를 모두 파헤친 끝에, 겨우 호텔을 잡을 수 있었다. 시간은 밤 1시를 한참 지나고 있었다. 인도의 첫 숙소 상태는 처참했다. 길거리에서 주워온 침구를 여러 손님이 거쳐간 것 같다. 왜냐하면 여기저기 찢어지고, 시커먼 때가 진하게 묻어 있었기 때문이다.

전기 콘센트에는 전기가 들어오지 않아 배터리를 충전할 수 없었다. WiFi 신호도 잡히지 않았다. 1,000루피(16,500원)짜리 숙소는 우리나라 숙박에 비하면 저렴했지만, 마음에 드는 게 없었다.

훗날 한국에 돌아와서야 이게 사기 패턴 중 하나라는 걸 알게 됐다. 호스트는 플랫폼 회사에 투숙객이 나타나지 않았다며 'No-Show' 처리를 해서 패널티 수수료까지 떼어갔다. 아주 야무진 녀석들이다. 카드 결제 내역을 꼼꼼히 보지 않았더라면 절대 몰랐을 거다. 창의적인 수법에 감탄했다.

인도 도착 3일 후, 다른 숙소에서 눈을 떴다. 창문 너머로 초등학교가 내려다 보이는 건물이다. 마히팔퍼의 숙소들은 중고 침대를 공동 구매해 오기라도 하는 걸까? 죄다 시커먼 때가 묻어 있었다.

그래도 여기는 WiFi를 사용할 수 있는 게 큰 위안이 되었다. 인터넷 검색 창에 '마히팔퍼'를 입력했지만, 도움이 될 만한 정보는 없고, 연관 검색어로 '파하르간지'가 나올 뿐이었다. 다음 목적지를 거기로 정했다. 하지만 어떻게 이곳을 벗어날지 먼저 고민해야 했다.

인도에서 제대로 된 식사를 한 끼도 하지 못해 예민한 상태였다. 인도의 위생 상태가 나쁘다는 건 여행 영상에서 숱하게 봐온 터라, 무슨 음식이든 입에 넣는 건 조심스러웠다. 배가 고프면 숙소 앞 상점에서 파는 봉지 과자로 때울 수밖에 없던 이유다. 세계여행 와서 먹는 첫 끼가 봉지 과자라니. 따뜻한 음식이 미치도록 먹고 싶었다.

결핍은 용기를 만들어내는 것 같다. 생존의 문제가 걸리니 밥집을 찾아 나설 수 밖에 없었다. 모든 인도인들의 시선이 일제히 나에게 꽂히고 있는 게 느껴졌다. 베란다에서, 매장 안에서, 길 건너에서 감시하듯 바라보는 그들을 인지할 때마다 기가 빨리는 것만 같다. 조금 힘들다.

치킨 사진이 걸린 매장에 들어갔다. 테이블 4개인 작은 음식점이었다. 현지인이 추천해 준 '치킨 브리야니'라는 음식을 주문했다. 맞은편 테이블에 앉은 남자 셋이 힐끔거리며 나를 쳐다보고 있었다. 덥수룩한 수염과 다리를 꼬고 앉은 자세는 양아치의 그것이었다. 엮이고 싶지 않았다. 카메라를 꺼내 테이블 위에 올려놨는데, 그들 중 한 명이 말을 걸었다.

"너 유튜버야?"

"응? 예쓰."

"그럼 우리도 유튜브에 나오는 거야?"

"예쓰."

전혀 예상 못한 전개에 당황해서 '예쓰'라는 대답만 했다. 그런데 그들은 유튜브에 자기 얼굴이 나온다는 사실에 즐거워했다. 대단한 채널도 아닌데. 특이한 사람들이네.

그들은 내가 보는 앞에서 내 채널을 구독해줬다. 이제 막 만든 채널이라 아무 영상도 없었다.

"누구에게나 처음이 있으니 괜찮아."

그들은 꾸준히 하라며 격려까지 해줬다. 알고 보니 좋은 녀석들이었다.

친구들이 권해준 음식을 맛보게 됐다. 빈대떡같이 생긴 '난'이라는 음식이었는데 밀가루 반죽을 길게 펴 구워낸 빵이었다. 커리 소스에 찍어 먹으니 너무 맛있었다. 그래, 내가 먹고 싶었던 건 이런 거야.

치킨 브리야니는 노란색 쌀밥에 치킨과 양파 등을 얹은 음식이다. 일회용 접시 위에 담겨져 나왔다. 치킨 브리야니를 한 숟가락 크게 퍼 올려 입에 넣자마자 뱉어버릴 뻔 했다. 소금에 오랫동안 절여놓은 듯, 인간의 혀로 도저히 감당할 수 없는 짠맛이 났다. 나를 죽일 셈인가?

그럼에도 현지인들의 문화를 존중해주고 싶었다. 도저히 싫은 내색을 할 수 없었다. 연예인이 얼마나 힘든 직업인지 알 것 같다.

내 영상을 볼 미래의 나에게만은 솔직하고 싶어, 맛없다는 솔직한 후기를 한국어로 전했다. 친구들은 뒤에서 멀뚱멀뚱 쳐다보기만 할 뿐이었다. 그래서 남기지 않고 다 먹어야 했다. 진짜 너무 힘들었다.

나트륨을 과도하게 섭취한 탓에 극심한 갈증이 느껴졌다. 강물이라도 들이켤 수 있을 것 같다. 호텔 1층에 설치된 정수기에서 물을 받아 먹으려는데 쎄한 느낌이 들었다. 왜 정수기 물통에 파란색 커버가 씌워져 있는 거지? 물통 내부를 들여다보니 물통 속에 희끄무레한 게 둥둥 떠 다니고 있었다. 본능적으로 이건 절대 마시면 안된다는 걸 알 수 있었다. 이건 진짜 안된다.

 길거리 식료품점에 가서 2L짜리 생수를 2병 샀다. 어제 본 발랄한 고등학생쯤 돼 보이는 남자 애가 오늘도 카운터를 보고 있었다. 그는 내 카메라에 대고 무어라 샬라샬라거렸다. 두 손을 천장으로 뻗어 허공을 가르며, 내가 알아들을 수 없는 말을 했다. 훗날 구독자 한 명이 그의 말을 번역해 줬다.

 '상점 남자 애가 웃으면서 하는 경고가 좀 무섭네요. "누가 너를 때리고 가도 모를거야. 우리에 대해서 얘기하지 마. 안 그러면 다칠거야."라네요. 그러다 치킨 얘기로 말을 돌리네.'

 인크레더블 인디아!

히만슈

인도

아침을 먹으려고 방문한 베이커리에서 일어난 해프닝.
"이 쿠키는 얼마예요?"
"딸띠~ 딸띠~."
무슨 소리인지 이해를 못해서 다시 한번 물었다. 직원은 '딸띠 이즈 딸띠'라고 했다. 딸띠가 뭔데… 직원은 손가락 세 개를 펼쳐 보였다. 그제야 딸띠가 30이라는 걸 알아차렸다.

영어가 세계 공용어이지만 지역마다, 나라마다, 인종마다 발음이 다르다. 처음엔 인도 사람들의 영어 발음이 구리다고 생각했다. 그런데 입장바꿔 생각해보니 원어민들에게 내 영어 발음도 만만치 않겠다는 생각이 든다.

자이푸르로 향하는 기차를 타기 위해 뉴델리역에 왔다. 인도 기차는 잦은 연착으로 악명이 자자했기에, 미리 역에 도착해야 했다. 그래서 6시간 일찍 왔다. 어젯밤 구매한 자이푸르행 기차표를 매표소 직원에게 보여주며 플랫폼 번호를 확인했다.

오후 4시 55분 12916번 기차. 창구 직원은 플랫폼 위치가 자주 바뀌니 스피커에서 흘러나오는 음성 안내 방송을 잘 들어야 한다고 강조했다. 천장에 설치된 스피커에서는 힌디어와 영어로 안내 방송이 번갈아 출력되고 있었다. 어느 쪽이든 전혀 알아들을 수 없었다.

옆 승강장에서 막 출발하려고 스물스물 움직이는 기차를 보고 경악할 수밖에 없었다. 아이부터 노인까지 기차의 옆구리를 붙잡고, 지붕에 기어오르는 장면은 재난 영화의 한 장면을 연상케 했다.

뱃속에서 꾸물꾸물 통증이 올라왔다. 길거리 음식을 먹어도 아무렇지 않아 여행 체질일지 모른다고 자만했다. 일주일 후, 그러니까 오늘 아침부터 극심한 복통이 찾아왔다. 하필 지역 이동을 하는 이때 말이다. 10분 간격으로 설사를 했다. 누가 날카로운 창으로 배를 뚫고 나오려는 듯 쿡쿡 찔러대는 것 같다. 산통이 이런 느낌일까.

인도를 찾는 관광객들의 첫 번째 시련인 '물갈이'였다. 약국에서 산 지사제 덕분에 통증이 많이 가라앉았지만, 아직 후유증이 남아있었다. 거기에 감기 몸살까지 겹치니 죽을 맛이었다.

식욕이 돌아오기는 했지만, 여전히 음식을 먹는 건 두려웠다. 그럼에도 뭔가 먹고 싶기는 했다. 이 상태에서 도대체 뭘 먹을 수 있지? 고소한 참깨가 올려진 따뜻하고 부드러운 죽에 간장 한 스푼을 비벼 먹는 상상을 했다. 아... 집밥이 미치도록 먹고 싶다.

'번쩍'하고 한식당이 떠올랐다. 돼지고기가 듬뿍 들어간 매콤한 김치찌개, 얼큰한 돼지국밥과 갓 담근 아삭한 김치, 라면 국물에 뜨끈한

밥 한 숟가락. 한식이라면 괜찮지 않을까. 툭툭에 아픈 몸을 싣고 30분 거리에 있는 한식당을 찾아 이동했다.

라면, 김밥을 주문했는데 한국에 온 것 같은 착각이 들 정도로 익숙한 질감이었다. 한식당의 쌀밥은 찰기없이 후두두 떨어지던 치킨 브리야니의 쌀밥과 대조적이었다. 이런 게 음식이지.

얼큰해야 할 라면 국물에서 아무 맛도 느낄 수 없을 정도로 컨디션이 나빴지만, 한식 특유의 따뜻함은 충분히 느낄 수 있었다. 여행을 시작한 지 일주일밖에 되지 않았지만, 정신적으로 너무 지쳐버렸다. 그냥 집에 돌아갈까. 내가 원한 여행은 이런 게 아니었는데.

◆

인도 기차의 클래스는 4개로 구분된다. 최고급 시설 1AC부터 2AC, 3AC 그리고 최악의 슬리퍼 칸 순서다. 슬리퍼 칸은 영화 〈설국열차〉처럼 편의시설이 전혀 없고, 사람들이 짐짝처럼 다닥다닥 붙어서 가야 한다고 들었다. 한번 타보고 싶었지만 지금 컨디션으로는 섣부른 도전을 할 수 없을 것 같았다. 그래서 한 단계 업그레이드된 3AC로 예약했다. 3AC는 칸마다 간이침대가 있어 누울 수 있고, 에어컨이 설치돼 있다고 했다.

아침 일찍 기차역에 왔지만, 오늘도 어김없이 기차가 2시간 지연됐다. 어쩌면 인도 기차는 실체가 없을지도 모른다. 그렇지 않고서는 매번 지연될 이유가 없지 않은가.

승합실과 식당을 배회하며 저녁 9시 30분까지 기차를 기다렸다. 당연히 지연됐을 거라 생각한 기차는, 당장 떠날 준비를 마친 채 눈앞에 정차해 있었다.

서둘러 모바일 티켓을 보면서 탑승 번호를 찾아다녔다. 예약 정보에는 'Seat.No 24'라고 적혀 있을 뿐, 다른 정보는 찾아볼 수 없었다. 승합 칸 10개를 쭉 이어 붙인 것 중에서 어느 칸의 24번 좌석을 뜻하는 건지 알 수 없었다.

'선착순인가?'

그래서 사람들이 목숨 걸고 기차 옆구리에 매달렸던 건가? 나는 도저히 그럴 자신이 없다. 기차 탑승을 준비 중인 남자 셋에게 다가가 Seat.No 24가 무슨 뜻인지 물었다.

"이건 대기 번호야."

그렇다. 내가 예매한 것은 대기표였다. 좌석이 취소될 경우 순번에 따라 좌석을 예매할 수 있는 방식이었던 거다. 즉 내 앞의 23명이 대기줄에서 이탈하고, 기존 예약된 표가 취소되었을 때 예매할 수 있다는 뜻이었다.

"이건 사용할 수 없는 티켓이야. **확정 티켓***이 있어야 돼. 자세한 건 검은색 정장을 입은 TT**에게 물어봐."

곧 떠날 거라며 허공을 향해 소리 지르는 기차 경적소리를 듣고 마음이 조급해졌다. 검은색 정장을 입은 TT 두 명을 발견하고 티켓을 보여줬다. 그들은 알아들을 수 없는 말로 뭐라 뭐라 했다. 마침 옆에

---

* Confirmed가 표기된 티켓.
** Train Ticket Manager의 약자로, 티켓 관리자를 의미.

있던 남자가 통역해 줬다. 일단 기차에 올라탄 다음 검표원과 얘기하면 된다고 했다. 그에게 감사를 전하고 기차에 올랐다.

한 사람만 겨우 지나다닐 수 있는 협소한 복도만 아니었다면, 걱정했던 것보다 3AC의 내부는 나쁘지 않았다. 창가마다 서로 마주 보는 3층짜리 매트리스가 설치돼 있다. 천장과 거의 맞닿은 맨 위 매트리스가 176cm인 내 키보다 조금 더 높이 설치된 덕분에, 현지인들의 부담스러운 시선에서 벗어날 수 있었다. 인도 사람들은 매트리스에 올라 휴대폰을 보거나 가족들과 수다를 떨었다. 마치 우리나라 찜질방에서 본 것 같은 익숙한 그림이다.

승객을 태우려고 기차가 역에 정차할 때마다, 밤인데도 불구하고 엄청난 인파가 몰려들었다. 그때마다 실내는 아수라장이 된다. 30분 만에 내가 앉은 자리의 주인이 나타나 저항없이 쫓겨나야했다.

승합칸을 잇는 복도에 쭈구려 앉았다. 살짝 열린 화장실 문틈 사이로 새어 나오는 찌린 내가 사정없이 코를 찔러댔다. 맞은 편에서 베이지색 점퍼를 입은 남자가 통화하고 있었다. 그는 달리고 있던 기차의 문을 활짝 열어젖혔다. 우리나라였다면 상상도 못 할 행동에 기겁했다. 갑자기 '프리덤!'을 외치며 뛰어내리는 건 아니겠지?

뚜벅뚜벅 발소리가 들려왔다. 고개를 올려보니 검은 정장을 입은 남자가 나를 내려다보고 있었다. 검표원이었다.

"티켓 좀 보여주시겠습니까?"

"TT가 일단 기차에 타서 검표원이랑 얘기해 보라고 했어요."

"글쎄요. 저는 모르는 일입니다. 티켓이 없으시면 다음 정거장에서 내리셔야 됩니다."

당황해서 되도 않는 영어로 상황을 설명했지만, 그는 'No'라고 할 뿐이었다. 슬그머니 검표원 뒤로 다가온 베이지색 점퍼의 남자가 대화에 끼어들었다. 대화를 시작하더니, 이내 둘은 웃으며 가볍게 서로의 어깨를 툭 쳤다. 검표원은 나를 힐끗 보고 말했다.

"그냥 타셔도 됩니다."

그 말을 남기고 검표원은 옆 칸으로 이동했다. 나는 어안이 벙벙해져 베이지색 점퍼의 남자를 바라봤다.

"네가 투어 에이전시를 통해서 기차표를 예매했는데, 그쪽의 실수로 일어난 해프닝일지도 모른다고 설명했어."

타인을 위해 손수 나설 수 있던 그의 행동력이 신기했다. 그리고 고마웠다. 만약 나였다면, 그것도 처음 보는 외국인을 위해서 비슷한 행동을 할 수 있었을까.

"내 이름은 히만슈야. 지금은 은행에서 일하고 있지만, 나도 너처럼 배낭여행을 다녔어. 자이푸르에 있는 가족들을 만나러 가는 중이야."

히만슈는 나와 같은 스물아홉 살이었다. 게다가 아내와 아이가 있었다.

(인도를 찾은 여행객들이 좋은 추억만 가져갔으면 한다고 했다)

"자이푸르에서 묵을 숙소는 정했어?"
"응. 이미 예약해 뒀어."
"거기까지는 어떻게 갈 거야?"
"자이푸르역에서 툭툭 타고."
숙소 위치를 자세히 알려달라는 그의 요청에 반사적으로 말을 흐렸다.
'이유 없는 호의는 없다.'
혹여나 돈을 요구하거나, 숙소까지 찾아와 귀찮게 하는 불편한 상황을 초래할 여지를 남기고 싶지 않았다. 그러나 마땅히 거절할 이유를 떠올리지 못했기 때문에, 어쩔 수 없이 연락처를 알려줘야 했다. 숙소야 옮기면 되고, 번호는 차단하면 되니까.
"나랑 방향이 같네? Don't worry."
나왔다! 인도인들의 뻔한 사기 패턴 중 하나인 'Don't worry'다. 툭툭 기사들이 바가지 씌울 때 가장 많이 쓰는 단골 멘트 중 하나다. 어떻게 이 사기꾼을 떼어내야 할까? 두뇌를 풀가동해 여러 시나리오를 썼다, 지웠다를 반복했다. 새벽 1시가 넘어서야 기차는 자이푸르 역에 도착했다.

"툭툭?"

승강장을 벗어나자 비둘기 떼마냥 툭툭 기사들이 여기저기서 몰려들었다.

히만슈가 내 앞을 가로막더니, 직접 툭툭 기사들과 가격 흥정을 시작했다. 히만슈는 검지손가락 하나를 들어 돈 냄새에 흥분한 비둘기들을 통제했다. 그는 툭툭 기사 무리 중에서 한 명을 콕 집었다.

이 모든 게 정교하게 짜여진 사기극이라고 생각했다. 긴장을 풀면 무슨 일이 일어날지 모른다. 히만슈와 툭툭을 타고 숙소로 향했다. 자이푸르의 밤은 소름 끼칠 정도로 고요하다. 제대로 가고 있는 걸까?

"외국인이 혼자 돌아다니면 상인들은 10배 정도 바가지 씌우려고 할 거야."

히만슈의 말은 사실이었다. 뉴델리에서 툭툭을 탈 때 현지인은 30루피를 받지만, 관광객에게 200루피 이상 요구하는 건 일상이었다. 뻔뻔해지지 않으면 잔혹한 이 생태계에서 이용당하기 쉬웠다.

히만슈는 집에 도착했다며 먼저 내렸다. 그는 툭툭 기사에게 50루피 지폐 한 장을 주면서 강한 어조로 무어라 단단히 일렀다. 뒷자리에 앉아 있던 내게도 말했다.

"툭툭 기사에게 50루피만 줘. 알겠지? 돈을 더 요구하면 바로 나한테 연락해."

어두컴컴한 골목 속으로 사라지는 히만슈의 뒷모습을 보고 나서야, 그가 순수한 호의로 도와줬다는 걸 깨달았다. 왜 좀 더 그에게 마음을 열려고 하지 않았을까. 히만슈가 이미 시야에서 완전히 사라진 뒤였다.

툭툭은 5분 만에 내 숙소 앞에 멈춰 섰다. 툭툭 기사에게 50루피 지폐 한 장을 건넸더니 아무런 대꾸 없이 받아들었다. 대개 이들은 구걸하듯 팁을 요구한다. 도대체 히만슈가 뭐라고 엄포를 놓았길래 순순히 그의 말을 따르는 걸까?

"아까 그 남자 사기꾼이야. 절대로 믿지 마. 이제부터 우린 친구야. 만약 무슨 문제 생기면 나한테 연락해. 내일 자이푸르 투어 시켜줄게."

숙소에 들어가자마자 툭툭 기사의 번호를 차단했다. 모든 사람이 히만슈 같으면 참~ 좋을 텐데.

파테푸르 시크리

인도

  중학생 때 영어 교과서에서 스치듯 본 기억을 따라, 타지마할을 보려고 아그라에 왔다. 여유롭게 즐기려고 4박 5일 일정을 잡았는데, 반나절만에 타지마할을 보고 나니 마땅히 할 게 없었다. 2022년의 마지막 날을 인도의 랜드마크에서 보냈다는 사실에 만족해야 했다.
  다른 지역과 달리 아그라는 도미토리가 없고, 홈스테이가 즐비했다. 홈스테이란 말 그대로 호스트가 살고 있는 집에서 방을 제공받아 머무는 것이다. 하숙이라고 하면 이해가 편하려나. 당연히 숙박비를 지불한다.
  3층짜리 집에 할아버지, 할머니, 아들 둘과 며느리 둘 그리고 자녀들까지 3대가 사는 집이었다. 두 아들은 일란성 쌍둥이인데, 누가 형이고 동생인지 아그라를 떠나는 날까지 구분해 내지 못했다. 이 집 며느리들은 어떻게 자기 남편을 구분하는 건지 여전히 미스터리다.
  1층은 가족들 주거 공간으로 사용하고 있었고, 2층과 3층을 여행객들에게 침실로 내어줬다. 4인용 도미토리를 배정받았지만, 비수기라서 그런지 아무도 오지 않아 혼자 방을 썼다.

 타지마할 관람을 마친 날 집에 돌아오니, 맞은편 침대에 누워 노트북으로 일하고 있던 호스트가 있었다. 형인지 동생인지 알 수가 없어 'You'라고 불렀다. 그는 일이 잘 풀리지 않는지 답답해 보였다.

 "괜찮아요?"

 "괜찮아. 프로그래밍 로직을 어떻게 풀어나가야 할지 고민 중이야."

 "그건 어떻게 풀어요?"

 "나는 어려서부터 퍼즐 푸는 걸 좋아했어. 문제를 해결했을 때 성취감이 좋거든. 프로그래밍도 똑같아. 퍼즐 푸는 것 같아서 재밌어."

 어떤 웹사이트를 개발하고 있다면서 작업 중이던 화면을 보여줬다. 2000년대 초창기 인터넷 포털 사이트보다 더 지독한 디자인이었다. 그래도 자신이 뭘 좋아하는지 제대로 알고 있는 그가 부러웠다. 호스트는 저녁 먹을 시간이라며 방을 나가면서 여행지 하나를 추천해 줬다.

 "내일 시간 괜찮으면 '파테푸르 시크리'에 다녀오는 건 어때? 여기서 로컬버스로 1시간밖에 안 걸려."

 침대에서 뒹굴거릴 생각이었는데... 그의 제안이 달갑지는 않았지만, 한편으로 인도의 로컬버스는 어떤 모습일지 궁금하기도 했다. You에게 내일 아침 출발 시간, 교통편, 간단한 주의 사항 등을 전달받고 잠에 들었다.

새벽 5시에 일어나 가족들이 차려준 이른 아침을 먹고(조식비 별도) 집을 나섰다. 버스 정류장에 도착했는데, 노란색 조끼를 입은 남자가 다가왔다.

"파테푸르 시크리?"

목적지를 이마에 써 붙여놓은 것도 아닌데 어떻게 안 거지? 신통방통하다.

"예쓰."

대뜸 그는 정류장을 떠나려는 버스 앞을 가로막았다. 인도 호텔에서도 받아보지 못한 서비스에 감탄했다. 팁이라도 줘야 하는 건가?

버스 내부 구조는 한국의 시내버스와 크게 다를 것 없었다. 눈에 띄는 것은 쓰레기 하나 없이 깔끔하고 정숙한 실내 풍경이다. 당황스러웠다. 인도를 여행하면서 길거리에 노상 방뇨하는 사람, 널브러진 쓰레기들, 신경질적으로 클락션을 울리며 새치기해 대는 툭툭과 대비되는 풍경이었다. 다른 나라에 온 것 같다.

60루피(920원)밖에 하지 않는 버스 티켓 가격이 놀라웠다. 기름값을 충당할 수 있기는 한 건가. 1시간을 달려 종점인 파테푸크 시크리에 도착했다.

버스 정류장에서 헤매고 있을 때 빨간 점퍼를 입은 한 남자가 말을 걸어왔다.

"아그라로 돌아가는 마지막 버스는 저녁 6시 30분이고, 30분마다 있어. 파테푸르 시크리는 이 계단을 올라가면 돼. 오늘은 새해 기념이라 무료입장이야!"

자신의 이름을 '뷔키'라고 소개한 남자는 자신이 파테푸르 시크리를 소개해 주겠다고 했다.

"여기 가이드세요?"

"아니, 나는 네팔 사람인데 잠깐 여행 왔어. 너 같은 관광객들을 위해서 가이드해주는 자원봉사를 하고 있거든. 돈은 바라지 않아. 하지만 꼭 보답하고 싶다면 점심 한 끼만 사주면 돼."

파테푸르 시크리의 역사는 그다지 관심 없었다. 이곳을 추천해준 호스트의 성의를 무시할 수 없어 눈도장만 찍고 돌아갈 생각이었다. 뷔키에게 고맙지만 괜찮다고 가이드를 거절했다.

그런데 그가 계속 쫓아왔다. 집까지 따라올 기세다. 못 이기는 척 어쩔 수 없이 가이드를 부탁했다. 그는 순진한 아이처럼 환한 미소를 띠며, 파테푸르 시크리에 대해 조잘조잘거리며 설명을 시작했다.

뷔키는 가이드 경험이 꽤 풍부해 보였다. 처음 보는 사람과 금방 친해질 정도로 유머가 있었다. 포토 스팟마다 내 사진을 찍어줬다. 사진 찍히는 걸 그리 반기지 않는 나지만, '어째서 소중한 시간을 기록하지 않느냐'는 그의 말에 반박할 수 없었다. 자포자기한 심정으로 다양한 포즈를 취했다. 입은 웃고 있었지만, 눈은 울고 있었다.

내부에 입장하자 뷔키는 각 건축물의 디자인과 유래, 비하인드 스

신경 쓰지마 이건 내가 낼 거니까

토리 등을 자세하게 설명해 줬다. 그와 영어 레벨이 비슷했던 덕분에, 내용을 이해하는 데 큰 무리가 없었다. 점점 그의 설명에 흥미를 느끼기 시작했다.

그러나 흥을 깨는 건 잡상인들이었다. 관광객은 그들에게 있어 그저 **황금 고블린*** 같은 존재다. 체스판, 스카프, 요상한 목제품까지. 옆에 달라붙어 하나만 사달라고 구걸하고, 한 개를 산다고 하면 두 개를 사라고 한다. 가격 덤탱이는 기본 옵션이다.

"노! 노!"

뷔키에게 도움을 청하려고 고개를 돌렸는데, 그는 다섯 발자국 정도 떨어져서, 나와 동행이 아닌 것처럼 행동했다. 상인들이 물건 강매에 실패해 뒤돌아서면, 뷔키는 옆에 와서 자연스럽게 설명을 이어갔다. 내 편인 듯 아닌 듯한 그의 밀당에 섭섭했다. 1시간 30분 동안 진행된 뷔키의 파테푸르 시크리 즉흥 투어는 그렇게 끝이 났다.

---

* 게임에서 낮은 확률로 필드에 출현해, 레어 아이템을 드랍하는 이벤트 몬스터.

내가 먼저 감사의 표시로 뷔키에게 점심을 사겠다고 했다. 그래야 마음이 편할 것 같다. 아는 맛집이 있다며 앞장서는 그를 따라갔다. 10분 떨어진 곳에 허름한 식당에 도착했다. 어떤 사연이 있길래 건물을 짓다 만 걸까. 사방이 거친 회색 시멘트로 칠해져 있을 뿐이었다.

'맛집은 분위기가 있어야지!'

오히려 좋아. 한국에 이것보다 더한 감성 카페가 얼마나 많은데. 이것조차 주인장이 가진 센스의 영역으로 느껴졌다.(SNS의 폐해라고 생각한다.) 뷔키는 손님들이 식사 중인 테이블을 지나 뒷마당으로 향했다. 사방이 벽으로 막힌 텅 빈 공간에 빠르게 테이블을 세팅했다. 마치 자기 집인 것처럼 능숙하게 움직였다.

친구를 불러도 되냐는 그의 예상치 못한 요청에 조금 당황했지만, 그가 제공해 준 투어가이드 서비스를 생각하면 거절하긴 어려웠다. 리뷰를 할 수만 있다면 5점 만점을 주고 싶을 정도였다. 뷔키는 사장에게 킹피셔 캔맥주 3개, 커리 치킨 2개, 밥 2개를 주문했다. 잠시 후 큰 키에 앞니 빠진 허름한 옷차림의 남자가 다가와 뷔키의 옆에 앉았다. 둘은 내가 알 수 없는 힌디어로 웃으며 대화를 주고받았다.

주문한 음식은 2시간이 지나서야 나왔다. 그런데 기다린 시간에 비해 음식 퀄리티가 형편없었다. 맛도 끔찍했다. 커리 치킨은 삶은 닭고기에 누런 액체를 덮어씌운 것 같았다.(이 사건을 계기로 인도 '커리'

와 한국 '카레'를 구분짓게 됐다.)

뷔키의 친구는 뭐가 그리 맛있는지, 말도 없이 허겁지겁 음식을 먹어치우느라 바빴다. 뷔키는 맥주만 홀짝거릴 뿐, 음식을 먹지 않고 내 접시에 치킨과 밥을 올려주기만 했다. 맥주만 먹어도 배가 부르단다. 화장실에 다녀온 뷔키는 캔맥주를 2개 더 시켰다.

이 식당에 온 지 벌써 3시간이나 지났다. 이제 좀 쉬고 싶어. 나는 슬슬 눈치를 보다가 집에 가겠다고 했다. 친구들도 슬금슬금 일어났다. 지갑을 꺼내 카운터로 향했다.

"3,800루피."

"왓?"

내 귀를 의심했다.

"3,800루피.(58,000원)"

이딴 음식을 주고 말도 안 되는 금액을 요구하는 사장의 뻔뻔함에 어처구니가 없었다. 숙소 앞 레스토랑에서 맛있게 먹었던 메뉴들이 700루피였던 걸 생각하면, 도무지 납득할 수 없는 가격이었다.

영수증을 달라고 했다. 그는 테이블에 나뒹굴고 있던 찢어진 빈 종이 하나를 집어, 지렁이 기어가는 듯한 꼬물거리는 글자를 적어 내밀었다. 무슨 내용인지 전혀 알아볼 수 없었지만, 3,800이라는 숫자만은 또렷했다. 장난하나?

킹피셔라는 캔맥주의 정확한 가격을 모르고 있던 게 변수였다. 비싼 맥주라면 응당 지불해야 하지만, 그게 아니라면 따져 물어야 했다.

빨리 돈을 내라는 사장과 뷔키의 재촉에 어떻게 해야 할지 고민하다가, 이 사건의 시발점이었던 You가 떠올랐다. 그에게 전화를 걸었다.

'뚜루루루루~ 뚜루루루루~'

전화 연결음이 울릴 때마다 우리 셋은 마른침을 꼴깍 삼켰다. 전화 연결 요청이 끊기기 직전 You의 목소리가 들렸다. 침착하게 상황을 설명하자 그는 듣는 내내 '오...!' 하며 안타깝다는 듯 탄성을 내뱉었다. 지불해야 할 음식들의 합당한 가격이 얼마인지 물었다. 킹피셔 캔 맥주는 인도 어디에서나 쉽게 구할 수 있는 것으로, 1개당 200루피 정도가 적당하다고 했다.

그의 조언대로 다시 계산해 보니 총 1,300루피가 나왔다. 2,500루피(37,000원)나 바가지를 씌우려 했던 거다. 사장에게 따졌더니 자신은 모르는 일이라며, 옆에 있던 뷔키와 대화하라는 제스쳐를 취했다. 뷔키가 횡설수설하는 사장을 변호하며 나섰다.

"이 사람은 영어 못 해."

나는 꿋꿋이 사장에게 대답을 요구했다.

"당신은 내 말을 이해한다. 그렇지?"

"아니 난 영어 못 해."

"영어 잘하네. 당신에게 지불하겠다."

지갑에서 1,500루피를 꺼내 사장에게 내밀었다. 200루피를 더 준 이유는, 혹여나 법정에 섰을 때 법적 근거를 마련하기 위한 일종의 장치였다.

사장은 마지못해 받은 돈을 뷔키에게 전달했다. 이 모든 건 그의 계략이었던 것이다. 이미 나는 호랑이 뱃 속에 있었다.

"맛있는 음식을 만들어준 사장을 위해 팁으로 500루피만 더 줘."

기가 차서 말도 안 나온다. 200루피를 얹어줬는데 돈을 더 달라고? 화끈한 여행 유튜버들처럼 욕하면서 가게를 엎어버릴까 싶었다. 근데 테이블 파손되면 내가 변상해야 되는 건가?

화를 내서 기분이 풀린다면 기꺼이 그렇게 하겠다. 하지만 인간의 감정 시스템은 그렇게 단순하지 않다. '화는 화를 부른다.'는 말이 떠오른다. 다른 방법은 없을까? 문득 끝까지 돈을 줄 수 없다고 버티면 사기꾼들이 어떻게 반응할지 궁금했다.

추가로 팁을 달라는 뷔키의 요구를 따박따박 거절했다. 처음 만났을 때처럼 그는 끈질기게 굴었다. 그러나 상대가 좋지 않았다. 세계여행 첫날부터 인도 공항에서 달라붙은 택시 호객꾼마저 극복한 탱킹맨을 이겨 먹는 건 결코 쉽지 않을 거다.

뷔키는 포기한 듯 허탈하게 웃으며 가게를 나갔다. 내가 버스에 오르기 직전까지 500루피를 팁으로 요구했다. 그마저도 싫다고 하니 그는 등을 돌렸다. 나는 승리를 확신하며 그의 뒤를 쫓았다.

"하하하하하! 어디 가? 아 유 오케이?"

"하하하하하. 오케이, 노 프라브럼."

파테푸르 시크리를 떠나서야 '그때 그 말을 했어야했는데…' 하는 진한 아쉬움이 밀려든다. 쳇.

싸우스 꼬리아 빠워

인도

 바라나시에 도착하자마자 지도를 뒤져, '철수 카페'라는 한식당에 방문했다. 인도 사장님의 한국 이름이 철수씨라서 철수 카페였다. 벽에는 한국에서 찍은 행복한 사장님의 모습이 가득했다. 그는 한국의 어떤 모습에 매료된 걸까.

 메뉴판에 한글로 적힌 라면, 김밥, 된장국, 김치볶음밥, 양념치킨을 보고 두 눈을 의심했다. 아무리 한식당이라도 그렇지, 김치볶음밥에 양념치킨까지 있다고? 혼란스러운 와중에 철수 사장님이 능숙한 한국어로 주문을 받아 갔다.

 기대 없이 주문한 된장국에 얼이 나갔다. 어떻게 된장이 없는 인도에서 한국의 맛을 구현할 수 있는 거지? 그리운 맛이다. 텅 빈 식당에서 혼자 식사하고 있었는데, 회색 비니를 쓴 남자가 들어왔다. 준혁이형과의 첫 만남이었다.(바라나시를 떠나기 전 가게에 들러 김치볶음밥과 양념치킨을 포장했다. 뉴델리행 기차에서 저녁 겸 야식으로 먹었는데, 식었는데도 불구하고 진짜진짜 맛있었다.)

형은 라면을 주문했다. 처음 만났지만, 우리는 대화가 잘 통했다. 그는 마흔을 앞두고 있음에도 자신의 의지대로 살아가고 있었다. 나와 비슷한 듯 조금은 달랐던 그의 모습에 친근함을 느꼈나 보다.

우리의 여행 루트는 정반대였다. 나는 뉴델리에서 바라나시에 왔지만, 형은 바라나시에서 뉴델리로 가는 중이라고 했다. 나보다 먼저 이집트를 다녀왔다는 형에게 많은 정보를 얻었다. 이때 다합의 프리다이빙을 처음 알게 됐다.

이틀 후 뉴델리로 떠나는 준혁이 형을 배웅하고 디지털카메라를 챙겨 혼자 갠지스 강으로 나갔다. 둘이 걷던 거리를 혼자 다니려니 어색했다.

안개 그득한 강가를 터덜터덜 걷다가, 한 장면에 시선을 사로잡혔다. 15명 정도 되는 남자들이 나무 보트에 묶인 밧줄을 끌어당겨 강가로 옮기는 중이었다. 크레인 같은 중장비도 없이 사람이 직접 옮기는 장면은 너무 위험해보이는데... 산재 처리가 되려나?

한국에서는 상상조차 할 수 없는 일이라고 생각하면서도, 유명 사진작가에 빙의한 것처럼 요리조리 구도를 바꿔가며 사진을 찍었다. 검은색 점퍼를 입은 남자와 눈이 마주쳤다. 그는 오른손을 들어 시크한 표정으로 V 포즈를 해 보였다. 재빠르게 셔터를 눌렀다.

갑자기 뒤에서 나타난 키 작은 할아버지가 같이 보트를 밀자고 했다. 그의 제안이 반가웠다.

자세를 고쳐잡고 보트를 밀 준비를 하고 있었는데, 옆자리 선원이 말을 걸어왔다. V 포즈를 해준 남자다.

"어느 나라에서 왔어?"

"싸우스 코리아."

"싸우스 꼬리아!"

"예쓰."

"오께. 싸우스 꼬리아 빠월."

그는 한국인의 '인비저블 썸띵'에 대한 기대감을 드러냈다. **5,171만 한국인***을 등에 업은 기분이다. 그러나 보트는 꿈쩍도 하지 않았다. 으쌰으쌰 모두가 힘을 모았다. 뒤뚱거리던 보트는 결국 물 위에 떴다. 보트 하부에 방수 코팅이 돼 있는 걸까.

한 선원이 간식이라며 견과류를 가져왔다. 단맛이 일품인 인도의 흑설탕이라고 불리는 '자그리'도 있었다. 보트는 내일부터 운행한단다. 보트를 같이 밀자고 권유해준 할아버지가 물었다.

"너 보트 타본 적 있어?"

"네, 어제 타봤어요."

어제 철수씨가 운영하는 갠지스 강 새벽 보트 투어에 다녀온 참이었다.

"너 오늘 보트 타볼래?"

---

* 통계청(KOSIS) 2023년 인구상황판 기준.

"저 약속이 있어서 가봐야 해요."

"아니 너 보트 타. 공짜로 태워줄게. 우리 도와줬잖아."

내가 없는 게 더 나았을 거 같은데... 할아버지에게 등 떠밀려 그가 말하는 보트를 타러 갈 수밖에 없었다.

노인의 조수로 보이는 안경 쓴 젊은 남자를 따라간 곳에 아파트 3층 높이의 크루즈가 정박해 있었다. 결코 단순한 호의로 태워줄 만한 저렴한 선박은 아니었다.

"진짜 무료예요???"

"에이, 속고만 살았나? 우린 은인한테 돈 안 받아!"

반신반의한 마음으로 크루즈에 올랐다. 누구도 티켓을 보여달라거나, 돈을 내라고 하지 않았다.

저녁 5시 30분에 출발한 크루즈는 적당히 갠지스 강을 배회하다가, 6시 쯤 엔진을 끄고 강 위에 멈춰 섰다. 이미 도착해 있던 수많은 소형 보트가 먼저 자리를 잡고 있었다. 강 건너편 육지에서는 '부-' 하는 뭉툭한 나팔 소리가 온 하늘에 울려 퍼졌다. 갠지스 강의 여신에게 바치는 제사 의식인 '아르띠 뿌자'의 시작을 알리는 신호였다.

웅성거리던 사람들은 한순간에 일시 정지 버튼이라도 눌린 것처럼, 일제히 행동을 멈추었다. 강물이 보트에 철석거리며 부딪히는 소음만 들려왔다. 인도 사람들은 조용히 눈을 감고 기도했다. 무엇을 바라는 걸까. 이방인인 나로서는 도저히 알 도리가 없다.

아리가또 마이 쁘렌드

인도

3주 만에 돌아온 뉴델리의 파하르간지 숙소에서 운동화를 도둑맞았다. 슬리퍼로 갈아신고 화장실 문 옆의 나무 선반 위에 올려뒀는데, 점심 먹고 돌아오니 감쪽같이 사라진 것이다.

2층짜리 침대가 2개 놓인 4인 1실 도미토리였다. 같은 공간을 사용하는 인도인 2명에게 물어봤으나 모른다고 했다. 복도에 CCTV가 있어 프론트를 지키고 있는 할아버지에게 동의를 구한 뒤, 녹화된 영상 돌려 봤다. 내 침대 아래 칸을 쓰는 친구가 방에 들어간 후 아무도 다녀간 사람이 없었다. 심증은 있지만 물증이 없는 상태였다.

그 친구에게 배낭을 좀 봐도 되는지 물어볼까 했지만, 만약 이 사람이 내 신발을 가져간 게 아니라면? 한참을 고민해도 좋은 생각이 떠오르지 않았다. 결국 잘못을 스스로에게 돌렸다.

'내가 좀 더 신중해야 했는데.'

비록 6만 원짜리 중고 트레킹화였지만, 푹신한 쿠션감이 아주아주 아주 마음에 들었던 녀석이었다. 이렇게 쉽게 잃어버릴 거였으면 정을 안 주는 건데. 곧 이집트로 떠나야 했기에 울적해 있을 여유 따윈 없었다. 그래. 이참에 인도 신발을 사자.

여기는 파하르간지다. '여행자들의 태초 마을'이라는 별명을 가진 곳으로, 없는 게 없는 동네라는 말이다. 자잘한 이어폰 실리콘 팁부터 스마트폰 삼각대까지.(2G 폴더폰도 판다.) 운동화쯤이야 마음만 먹으면 쉽게 구할 수 있다.

반나절 동안 많은 신발 가게를 돌아다녔지만, 마음에 쏙 드는 신발을 발견하지 못했다. 디자인이 구리거나, 쿠션감이 별로였다. 잃어버린 트레킹화의 반만 흉내냈다면 바로 살텐데. 짝퉁은 왜 그리도 많은지. 남은 4개월 동안 많은 나라를 돌아다니려면, 발이 편해야 했기에 깐깐할 수밖에 없었다.

◆

도대체 인도 사람들은 한국인과 일본인을 어떻게 구분하는 걸까. 인도인들은 내게 '재팬?', '곤니찌와~'하며 말을 걸어온다. 준형이 형과 같이 있을 때조차 내 눈을 마주치고 '아리가또!'라고 손을 흔들어 댄다.(준혁이 형에게는 '니하오'라고 했다.) 지금껏 당연히 한국인으로 살아온 내게 그들의 관점은 신선하게 다가왔다.

처음에는 인종차별 당하는 것 같아 기분이 나빴지만, 수차례 겪다 보니 점점 생각의 방향이 바뀌었다. 일평생을 당연히 한국인으로 살

일본인과 인도인은 친구

아왔는데, 외국인들의 시선에서 나는 당연히 한국인이 아닐 수도 있겠구나. 그렇다면 팬서비스한다고 생각하고 코스프레를 해주면 현지인들은 어떻게 반응할까? 재밌을 거 같다. 기꺼이 일본인 페르소나를 입어 보기로 했다.

"곤니찌와."

다음 방문한 신발 가게에서 둥근 얼굴에 새카만 턱수염을 털보 아저씨가 말을 걸어왔다. '아 유 재패니즈?'라고 질문하기도 전에 곤니찌와를 박아버리다니. 각오 좀 하셔야겠어요? ^^

고등학교에서 배운 기초 일본어 회화를 써먹어 볼 시간이다.

"하이 소우데스, 아나타와 재팬 요쿠 싯테 마스까?"

"…"

그는 금붕어 마냥 눈을 끔뻑거릴 뿐이었다. 진짜 일본인이 올 거라고 예상 못 했나 보다. 그냥 말을 한번 걸어보고 싶었던 걸까. 그렇게 생각하니 귀엽게 보이기까지 한다. 착한 바보 녀석들.

아저씨에게 괜찮은 신발을 몇 개 추천받았다. 한번 신어 봐도 되냐는 질문에 그는 흔쾌히 'OK'라고 답하며 플라스틱 의자를 가리켰다. 아차! 양말을 신고 오지 않았다. 더러운 발바닥으로 시착하면 분명 책임지라고 할 거 같은데... 양말을 숙소에 두고 왔다고 했더니 의자 옆에 있는 투명한 비닐봉지를 가리켰다.

"양말 여기 있네!"

비닐 때문에 미끌거리는 느낌이 미묘했지만, 착화감은 나쁘지 않았다. 3주간 인도 여행을 하면서 갈고 닦은 흥정 실력을 발휘했다.

"이 신발 얼마예요?"

"너는 일본 사람이지만, 우리가 이렇게 만난 것도 인연이라고 생각혀. 너니까 깎아주는 거지, 다른 녀석이었으면 절대 이렇게 안 혀. 1,000루피에 혀."

아무리 생각해도 1,000루피는 좀 비싼 거 같은데... 조금만 더 깎을 수는 없을까? 숙소 할아버지의 조언이 떠올랐다.

"인도에서 쇼핑할 때 무조건 50% 깎고 시작해!"

들어간 신발 매장마다 50% 깎아달라고 했더니, 다들 고개를 저으며 나가라고 했다. 이상하다. 시키는 대로 했을 뿐인데.

이번만큼은 꼭 신발을 사야 했다. 본격적인 가격 협상에 앞서 그와 친밀도를 형성할 필요가 있었다. 일본에 관심이 많은 것 같으므로 일본어 몇 개를 가르쳐줬다.

'아리가또'는 '땡큐'라는 뜻이야."

"아리가또~"

아쉽게도 내가 제시한 700루피에 신발을 구매하지 못했다. 하지만 아저씨는 새로운 일본인 친구가 마음에 들었는지, 좋은 신발 고르는 꿀팁을 알려줬다. 밑창은 어떻게 점검해야 하는지, 내부와 외부에서 주의 깊게 봐야 하는 것은 무엇인지 등등. 굉장한 정보를 기대했는데, 당연한 것들이라서 김이 샜다.

시장을 더 둘러봤지만, 털보 아저씨처럼 친절하게 응대해 주는 곳이 없었다. 그 사이 'CAMPUS'라는 인도 브랜드의 퀄리티가 좋다는 정보를 얻었다.

숙소로 돌아가 할아버지에게 CAMPUS에 대해 물어보니, 그 브랜드는 10~20%만 깎아도 잘 사는 거라고 알려줬다. 저녁을 먹고 다시 털보 아저씨네 신발 가게로 갔다.

못생긴 것 중에서 가장 잘생긴 CAMPUS 신발을 골랐다. 얼마냐고 물었더니 1,500루피란다.

"좀 깎아줘. 우린 친구잖아."

그는 골똘히 생각한다.

"하... 그래 알겠어. 우린 친구니까 특별히 너에게 1,400루피에 줄게."

이 정도면 성공적인 흥정이었다. 그런데 지갑에는 100루피밖에 없었다. 출국 전이라 정말 필요한 소량의 현금만 인출해, 나머지는 배낭에 두고 왔다. 곧 마감한다는 말에 서둘러 돈을 챙겨서 돌아왔다.

1,500루피를 꺼내 100루피를 거슬러 받을 준비를 하고 있는데, 털보 아저씨는 손을 내밀어 돈을 더 달라는 제스쳐를 취했다.

"와이???"

그는 박스에 적힌 1,800을 가리켰다.

"아이고, 가격을 착각혔네. 원래 1,800루피짜리여."

프렌드 DC를 적용해 특별히 1,600루피에 팔겠다고 했다. 그마저 비쌌기 때문에 1,500루피에 달라고 했다. 그는 다시 생각에 잠기더니 마지못해 알겠다고 했다.

우리는 성공적인 계약 성사의 의미로 악수를 나눴고, 서로의 주먹을 부딪쳐 양국의 우정을 확인했다. 그는 카메라를 향해 엄지 손가락을 치켜들며 말했다.

"재팬, 인디아, 베스트 프렌드."

이번 운동화 분실 사건 덕분에, 느슨했던 긴장의 끈을 다시 조여줄 수 있었다. 적절한 타이밍에 적은 비용으로 큰 깨달음을 얻었다고 생각한다.

근데 생각해 보니까 결국 1,500루피를 쓴 거잖아? 제대로 네고한 게 맞나?

망나소 방갑씀니다

인도

 파하르간지에서 운동화를 사려고 길거리를 방황하고 있을 때였다. 베이지색 재킷을 입은 키 작은 아저씨가 뜬금없이 말을 걸어왔다.
 "한국인이야? BTS 알아?"
 나를 한국인으로 봐준 인도 사람은 아저씨가 처음이었다. 자신의 이름을 '소누'라고 소개하며, 딸이 BTS를 엄청 좋아한다고 했다.
 아저씨는 어딘가로 전화를 걸어 내게 휴대폰을 넘겼다. 수화기 너머에 떨고 있는 여자아이의 목소리가 들려왔다. 아저씨는 자기 집에 꼭, 반드시 놀러 오라며 연락처를 줬다. '현지인 집에 놀러 가기'를 해보고 싶었는데, 인도를 떠나기 직전에 이런 행운이 주어지다니. 그럼에도 경계심을 풀 수 없었기에, 어느 정도 대책을 세워둘 필요가 있었다.
 전철을 타고 파하르간지에서 20분 정도 떨어진 곳에 'Laxmi Nagar'라는 역에서 내려 소누 아저씨와 재회했다. 그를 따라 어느 골목을 쭉 따라갔다. 소누 아저씨는 미용실 앞에서 햇빛을 쬐고 있던 모자 쓴 아저씨에게 다가가, 한국에서 귀한 손님이 왔다고 자랑했다.

"나마스떼~"

아저씨 비해 어리고 미인이었던 아내의 모습에 적잖이 당황했다. 도대체 아저씨는 몇 살인가... 아니 아저씨가 맞나? 어쩌면 소누 형일지도 모른다.

안방에 들어가니 퀸사이즈 침대에 인형처럼 사이좋게 앉아 있는 남매가 있었다. 11살 나비야가 누나, 8살 아이우시가 남동생이라고 했다. 8살임에도 아이우시는 벌써 여자 친구가 있었다. 대단한 녀석.

나비야는 BTS의 열렬한 팬이었다. 난 BTS 멤버나 관계자도 아닌데, 나비야는 부끄러워서 내 눈을 쉽게 마주치지 못했다.

(BTS에 관심 많은 나비아에게 한국어를 알려줬다)

나비야에게 왜 BTS를 좋아하냐고 물었더니 멤버들이 예뻐서라고. BTS에 대해 이야기할 때면 줄줄 좔좔 자신이 아는 것들을 쏟아냈다. 옆에서 듣고 있던 소누 형이 질린다는 듯 말했다.

"얘는 맨날 BTS, BTS 노래를 불러. 난 도대체 걔들이 뭐가 그렇게 좋은 건지 모르겠어."

말은 그렇게 해도 아저씨의 입가에 미소가 떠나지 않았다. 그가 아이들을 얼마나 사랑하는지 어렴풋이 알 수 있었다. K-Pop을 잘 모르는 한국인을 데려온 건 실수지만.

───◆───

TV에서는 힌디어로 더빙된 〈짱구는 못말려〉가 방영되고 있었다. 내가 영어로 말하면 아저씨가 아이들에게 힌디어로 전달해 줬다.

나비야는 BTS와 한국에 좀 더 가까워지고 싶어 했다. 이럴 줄 알았으면 미리 아이돌 공부라도 하고 오는 건데… 하물며 한국을 도대체 어떻게 설명해야 할지 난감했다. 자신 있게 알려줄 수 있는 건 자취방 앞 마트가 500m 반경 내에서 가장 저렴하다는 것 정도. 기대 가득한 눈빛으로 바라보는 나비야를 실망시키고 싶지 않아 뭐라도 해야 했다.

"네가 언젠가 BTS를 직접 만났을 때, 할 수 있는 한국말을 가르쳐 줄게."

나비야는 혼자 한국어를 공부하고 있었다. 이미 '안녕하세요'를 한국인처럼 자연스럽게 발음할 수 있었다. 나는 거기에 더해 팬 싸인회에서 BTS에게 할 수 있는 멘트를 알려줬다.

'저는 당신의 팬입니다', '만나서 반갑습니다' 등. 거기에 코리안 핑거 하트까지. 가족들 모두 핑거 하트를 따라 하며 즐거워했다.

공책에 한글을 적고, 입으로 발음하면 나비야가 따라 읽었다. 나중에 돌려볼 수 있게 소누 아저씨가 옆에서 영상 촬영하고 있었다.

발음하기 어려운 글자는 엄마가 힌디어로 발음 기호를 공책에 적어줬다. 모녀의 모습을 보고, 초등학생 때 개학 전날 엄마의 잔소리를 들어가며 함께 밀린 방학 숙제를 했던 때가 떠올랐다.

3시간 정도 머물다 자리에서 일어났다. 역까지 바래다준다는 소누 아저씨와 집을 나서려는데, 아이우시는 자기도 따라가겠다며 떼를 썼다. 옆에서 듣고 있던 엄마가 단호하게 무어라 했다. 그는 이불에 얼굴을 파묻고 울먹거렸다. 이런 꼬마가 어떻게 여자친구를 사귄거지?

꼬질꼬질한 소누 아저씨의 첫인상을 보고, 가난한 사람일거라 생각했다. 겉모습으로 그 사람의 모든 걸 판단하는 건 부끄러운 행동이었다. 내가 봐온 평범한 삶의 기준에 미치지 못할지언정, 부족함 없이 따뜻한 일상을 보내는 일가족의 모습을 보고 많은 생각이 들었다. 행복이란 뭘까.

파하르간지에서 소누 아저씨를 처음 만난 날, 그는 내가 원하는 운동화를 살 수 있도록 다양한 신발 매장을 같이 다녀줬다. 매장마다 사장과 직접 이야기해 이미 할인된 상품에 추가 할인을 받을 수 있게 해 줬다. 비록 만족스러운 운동화를 발견하지는 못했지만, 두 팔 벗고 나서준 그의 마음이 고마웠다.

캔맥주를 사고 싶다고 하니, 지도에 없는 알코올 매장에 데려다줬다. 소누 아저씨도 술을 마시고 싶다며, 캔맥주보다 작은 사이즈의 위스키 2병을 집어 들었다.

"나를 위해서 위스키 2병 정도는 사줄 수 있지?"

2병은 조금... 선 넘는 거 아닌가?싶었지만, 같이 신발 가게를 둘러봐준 수고에 답례를 표하고 싶었다. 뿐만 아니라 집에 놀러오라며 초대까지 해줬기 때문에, 미리 집들이 선물하는 셈 치기로 했다. 그래도 좀 과한 거 같기도...

다시 현재로 돌아와, 소누 아저씨와 파하르간지 역으로 향하는 전철 티켓을 구매하려고 줄을 서 있었다. 아저씨도 시내에 갈 일이 있나 보다.

"어디 가시나 봐요?"

"전철 티켓도 사줄 거지?"

이때 나를 지갑 정도로 대하는 그의 태도에 기분이 언짢았다. 빈 지갑을 펼쳐 다소 공격적으로 그의 눈앞에 내밀었다. 당신 몫은 없다고. 아저씨는 두 눈을 부릅 뜨고 황당하다며 어디론가 사라졌다. 행복이란 뭘까.

은인한텐 돈 안받어~

망나소 방갑씁니다

안승환

어려서부터 '안창호'라는 무거운 이름 때문에, 바라지 않은 기대에 대한 실망을 받으며 살아왔다.

"이름이 아깝다."

주위 사람들은 나를 가만히 내버려두지 않았다. 훌륭한 사람이 되라는 뜻으로 아버지가 지어준 내 이름이 너무 싫었다. 뿐만 아니라 아버지로부터 오랫동안 받아온 스트레스 때문에, 이름에 애정을 가질 수가 없었다.

23살이 되었을 무렵 군대를 전역했다. 그리고 부모님이 이혼했다. 이때를 기점으로 아버지의 그늘에서 벗어나 과거를 털어버리겠다고 다짐했다. 거기에 더해, 남은 삶을 원하는 대로 살겠다는 의지를 더해 개명을 결심했다.

나에게 가장 잘 어울리는 이름은 뭘까. 물건을 사는 것도 아닌데 왜 그리도 설레던지. 종이에 이름들을 나열해본다. 검색 창에 두드려보고, 그 이름으로 살아가고 있는 사람들의 프로필을 엿본다. 그중에서 가장 마음에 들었던 '안승환'을 새 이름으로 정했다.

한자를 포함해야 개명 승인 확률이 높다는 정보에 적당히 의미를 부여해 한자를 조합했다. 다른 사람들의 의견이 궁금해 포털 사이트에 질문 글을 올렸다.

작명원을 운영하는 초고수들이 대충 지어놓은 이름의 한자를 획 단위로 분석했다. 모두가 입을 모아 그다지 좋은 이름이 아니기 때문에, 다른 이름으로 바꾸라고 조언했다.

태생부터 갖고 있던 청개구리 기질이 발동한 탓일까. 하지 말라니 더 하고 싶었다. 그래서 그렇게 했다. 어차피 내가 책임질 삶인데 뭐 어쩔거야.

개명신청서를 제출하고 3개월 후 승인 처리가 났다. 주민등록증, 여권, 카드, 집 주소 등 모든 걸 바꿔야 하는 번거로움이 있었지만, 평생 한 번 할까 말까 한 경험으로 받아들였다.

24년 동안 이어오던 안창호의 흔적을 안승환으로 고쳐나갔다. 이름을 바꾼다고 사람이 달라지는 건 아니었다. 나는 여전히 실수투성이였고, 뭘 하고 싶은지도 모르는 채 흘러가는 대로 살았다.

개명 후 갑자기 바뀔 새로운 내 모습을 기대하지 않았다면 거짓말이겠지만, 적어도 예전처럼 이름 때문에 스트레스 받는 일은 없었다. 그것만으로도 삶의 질이 크게 향상됐다. 사람들은 더 이상 나를 타인과 비교하지 않고, 있는 그대로 봐주는 게 좋았다. 무엇보다 내가 직접 지은 이름이라 애착이 갔다. 누가 내 이름을 불러주는 게 좋다.

'누군가를 싫어하면, 자신도 모르게 그 사람을 닮아간다.'

어디서 주워들은 건지 기억은 안 나지만, 꽤 공감했나 보다. 여전히 머릿속에 맴돌고 있다.

 더 이상 아버지를 싫어하지 않으려 노력했다. 쉽지 않았다. 인간이 망각의 동물인 게 참 다행이라 생각한다. 아버지에 대한 기억을 깨끗하게 잊을 수는 없지만, 시간이 지날수록 무덤덤해져갔다. 입장을 바꿔 생각해보니, 그 사람 나름의 안타까운 사정이 있을지도 모른다는 생각마저 든다.

 지금의 나는 과거의 족쇄를 벗어던지고 좀 더 멀리서 자신을 바라볼 수 있을 정도로 성장했다. 나이를 먹는 게 마냥 나쁘지는 않은 듯하다. 불안하게 흔들리면서도, 무너지지 않고 그럭저럭 잘 해내는 스스로가 대견하다.

 안창호를 완전히 세상에서 지워버릴 수 없었다. 안승환이 안승환으로 살아가기 위해서는 반드시 필요한 시간이기 때문이다. 뻔뻔한 어른이 되어서야, 못난 나를 품을 수 있게 되었다.

하루도 끊이지 않는 관광객 때문에,
파라오 왕은 오늘도 수면 부족에 시달린다.

No Thanks

이집트

'위이이이이이잉-'
굉음을 내며 활주로를 질주하던 비행기가 무사히 이륙했다.
'드디어 인도와 작별이다!'
성층권의 구름을 바라보며 지난 한 달을 곱씹었다. 입국 첫날부터 숙소 사기를 당한 일, 파테푸르 시크리에서 뷔키와 보낸 아찔한 시간, 소누 아저씨(또는 형)네 집에 놀러 간 일 등등. 지난 날들이 새록새록 떠오른다. 고작 한 달 만에 무슨 추억이 이리도 많은지.
뒤에서 '드르륵'하는 소리에 본능적으로 고개가 돌아갔다. 승무원들이 끄는 카트 바퀴에서 나는 소음이었다.
"Vegetarian? Chicken?"
베트남을 경유하는 비행기 안에서 달러로 과자를 구매하는 승객들의 모습이 떠올랐다. 굳이 여기서 돈을 쓰고 싶지 않았다. 로컬 식당이 훨씬 맛있고 저렴하니까. 조금만 참자.
승무원들은 맨 앞자리부터 차례대로 도시락을 나눠주기 시작했다.

(갑자기 기내식을 받았다)

그런데 지갑을 꺼내 드는 사람이 아무도 없다. 티켓 예매할 때 미리 기내식 서비스를 추가한 건가? 뭐지? 그런 옵션 선택 창을 본 기억이 없는데? 이런저런 생각을 하는 사이, 카트는 내 옆에 멈춰 섰다. 승무원이 가벼운 미소를 지으며 물었다.

"Vegetarian? Chicken?"

"No thanks."

나 역시 가벼운 미소로 화답했다. 이보다 더 신사적일 수 없다고 생각했다. 자신의 멋짐에 감탄한다.

승무원은 순간 당황했지만, 포커페이스를 잃지 않으려는 것 같아보였다. 옆자리 남자는 치킨 도시락을 받았다. 그가 도시락 뚜껑을 열자 나도 모르게 시선을 빼앗겼다. 뚜껑 틈새로 흘러나오는 탐욕스러운 치킨 냄새에, 고귀한 나의 젠틀함이 흔들렸다.

배고프다. 그렇다고 이제 와서 모양 빠지게 도시락을 달라고 할 수도 없었다. 훗날 탑승객 중 "그때 한국인으로 보이는 남자가 처음에 'No thanks'라더니, 갑자기 다시 도시락을 달라는 거예요. 비행기 처음 타보는 것도 아니고 얼마나 우습던지."라고 이때를 회상하며, 패널들과 웃는 모습이 어느 집 거실의 TV로 흘러나올 장면이 상상됐다. 부끄럽다. 준다고 할 때 그냥 받을걸.

점점 멀어져가는 도시락 카트에 조바심이 났다. 한 끼를 얻고 체면을 포기할 것인가. 잠깐만, 애당초 나에게 체면이라는 게 있었나? 이미 인도에서 나를 내려놓았으면서. 에라 모르겠다. 조롱할 테면 하라지.

'강한 자가 살아남는 게 아니라, 살아남는 자가 강한 것이다.'

뒤돌아 서 있는 승무원에게 크지도, 작지도 않은 목소리로 치킨 도시락을 달라고 했다. 그녀는 마치 예상한 일이라는 듯, 아무것도 묻지 않고 따끈한 치킨 도시락을 하나 꺼내서 내 트레이 위에 올려줬다.

뚜껑을 열자 먹음직스러운 치킨 도시락의 풍채가 드러났다. 한 숟가락 퍼 올리니, 갓 만들어진 음식의 신선함이 모락모락 피어올랐다. 그래. 이거야.

한 숟가락 퍼서 입에 넣었다. 혀를 타고 흐르는 치킨 육즙과, 생기 넘치는 쌀밥이 한데 어우러져 극락의 하모니를 이뤄냈다. 잠시 후 승무원들이 끌고 온 음료 카트에는 커피, 콜라, 과일 쥬스가 담겨 있었다. 가장 저렴해 보이는 애플 쥬스를 받아 마셨다. 달달했다.

이집트를 떠나는 날까지 기내식 서비스에 대한 추가 비용을 요청하는 사람은 아무도 없었다. 비행기 티켓에서도 기내식에 대한 정보를 찾을 수 없었다.

항공사마다, 비행 루트마다 제공되는 서비스가 달라지는 듯했다. 떨리고 부끄러운 순간이었지만, 누구에게나 처음이 있는 거겠지. 살면서 한 번 정도 겪어봄직한 풋풋함으로 생각하기로 한다. 그렇게라도 하지 않으면 창피해 죽을 것 같다.

여행자들의 블랙홀, 다합

이집트

　카이로에서 다합을 가려면 버스나 비행기를 이용해야 한다. 비용 절감을 위해 저렴한 버스를 선택했다. 밤 12시에 출발하는 다합행 버스를 이용하면서, 나는 '야간 이동'에 대한 로망이 있다는 걸 깨달았다.
　인도에서 뉴델리행 야간열차를 탔을 때, 분명 육체적으로 피곤했지만 마냥 좋았던 기억이 난다. 이상하다. 몇 시간 동안 매트리스에 누워 아무것도 하지 않았지만, 그것만으로도 충분했다. 누가 이유를 물으면 뭐라고 대답해야 할지는 모르겠다.
　'눈 뜨면 도착해 있겠지.'
　버스에서 숙면을 취할 예정이었으나, 상황은 뜻대로 흘러가 주지 않았다. 잠에 빠지려 할 때마다 버스 기사 아저씨가 소리쳤다.
　"모두 내리세요! 검문소입니다."
　검문소를 지키고 있는 군인들 앞에 버스 트렁크에서 짐을 꺼내 나열했다. 총기로 무장한 군인들은 여권에 찍힌 사진과 여행객의 얼굴을 번갈아가며 확인했다. 바닥에 깔린 짐들을 훑어보며 이상한 건 없는지 살폈다.

 지목당한 사람들은 배낭을 전부 펼쳐 보여야 했다. 아무도 항의하지 않고, 순순히 지시에 따랐다. 깐깐해 보이는 중년 군인이 내게 다가와 여권을 보여달라고 했다.

 "오, 사우스 코리아!"

 감탄사 한 번으로 내 차례가 끝났다.

 '이게 한국의 여권 파워인가?'

 이후 몇 번의 검문이 더 있었지만, 큰 문제 없이 지나갔다. 잠을 제대로 못 잔 탓에 다크서클 짙게 깔린 채로 다합에 도착했다. 잠시 제자리에 서서 따사로운 햇살을 맞았다. 홍해의 청량한 바람이 간밤의 피로를 훑어주었다.

◆

 준혁이 형이 추천해 준 한인 게스트 하우스에 묵었다. 프리다이빙도 배울 수 있는 곳이었다. 외국까지 나와서 굳이 한인 전용 숙소에 묵을 필요성이 있나 싶었지만, 다른 한국인들은 어떻게 여행하는지 궁금하기도 했다.

 숙소 문을 열고 안으로 들어가니, 넓은 거실 소파에 혼자 덩그러니 앉아 있는 남자와 눈이 마주쳤다. 서로 어색하게 인사했다. '희성'이와의 첫 만남이었다.

다른 사람들은 프리다이빙 수업을 받으러 갔거나, 친구들끼리 놀러 갔다고 했다. 두 사람으로 채우기에 지극히 넓은 거실에는, 출처를 알 수 없는 스산한 한기가 느껴지는 듯했다.

저녁 식사 시간에 식구들이 거실에 모였다. 족히 20명은 되는 것 같았다. 오순도순 모여 후식으로 디저트를 먹었다. 친구들은 '인상 깊었던 여행지'를 떠올렸다. 모두 웃으면서 이야기를 시작했다가 '진짜 큰일 날뻔했어.'라고 가슴을 쓸어내리고는, '지나고 나니 다 추억이네.'라며 매듭지었다.

아직 내가 가보지 못한 나라를 경험한 친구들의 푸짐한 이야기보따리가 부러웠다. 자신의 경험담을 털어놓는 친구들의 얼굴에는 밝은 생명력 같은 게 흘러넘쳤다. 나는 그게 탐났다. 내 울타리가 얼마나 좁았는지 새삼 깨닫는다.

친구들처럼 자신있게 들려줄 에피소드가 마땅히 떠오르지 않았다. 무슨 얘기를 해야 되지. 세계여행이 처음이라 무작정 인도를 세계여행의 출발지로 정했다는 말에, 친구들은 감탄 섞인 경악을 금치 못했다.

"인도?! 너도 제정신은 아닌데!"

듣기 좋았다. 이상한 사람들에게서 이상하다는 말을 들으니, 나도 조금은 변하고 있는 걸까. 어쩌면 이미 울타리를 벗어나 있는 건지도 모르겠다.

친구들은 인도만큼은 도저히 가볼 엄두가 나질 않는다며, '기회가 되면' 가보고 싶은 나라 중 하나라고 말했다. 서로 가지지 못한 걸 부러워하다니. 참 아이러니했다. 대화는 무르익어 '누가 더 힘든 여행을 했는지' 자랑 아닌 자랑 대회가 열렸다.

◆

프리다이빙은 예상했던 대로 쉽게 도전할 액티비티는 아니었다. 그나마 영특한 희성이와 버디를 맺은 덕분에, 수월하게 수업을 따라갈 수 있었다. 'AIDA'라는 자격증 과정을 밟았는데, 우리가 도전한 건 레벨 2였다.

숙소에서 안전 교육을 듣고, 다이빙 장비를 챙겨 근처 해변가로 이동했다. 살면서 처음으로 착용해 보는 스노쿨링, 웨이트, 핀, 다이빙 슈트가 어색했다. 특히 다이빙 슈트는 개그맨들이나 입을 법한 파란색 쫄쫄이였다. 희성이는 디자인이 마음에 안 든다며 슈트를 거꾸로 뒤집어 안쪽의 검은 면이 보이도록 입었다.

바닷물은 고작 허리까지 오는 물 높이에서 기초 수업을 시작했지만, 나는 수영을 할 줄 몰랐기 때문에 온몸에 힘이 들어갔다. 선생님의 가르침을 따라 천천히 몸의 힘을 빼는 연습을 한 덕분에, 조금씩 물에 몸을 띄울 수 있었다. 참으로 놀라운 경험이었다.

깊은 수심으로 파고드는 다이빙을 하려면 물속에서 귀의 압력을 맞취주는 **이퀄라이징***을 반드시 배워야 했다. 이퀄라이징에는 다양한 종류가 있는데, 그중에서도 혀와 목 근육을 사용하는 '프렌젤'이라는 기술을 배웠다.

상상해 보시라. 헬스장에서 혀, 목 근육 따위를 단련하는 기구를 본 적이 있는가? 한 번도 써본 적 없는 근육을 사용하려고 하니, 뜻대로 되지 않았다. 지극히 자연스러운 현상이었다.

희성이와 사이좋게 탈락했다. 우리는 오기가 생겨 바로 추가 시험 일정을 잡았다. 시험 전날까지 합격한 친구들에게 노하우를 얻거나, 선생님에게 과외를 받기도 했다. 틈틈이 프렌젤을 연습해 요령을 터득해 나갔다. 완벽히 준비된 상태는 아니었지만, 우리는 추가 시험에서 합격할 수 있었다. 자격증을 얻은 것보다 뭔가를 해냈다는 게 뿌듯했다.

프리다이빙 수업 이후 다합의 시간은 쏜살같이 지나갔다. 숙소 식구들과 거실에 모여 빔 프로젝터로 영화를 보거나, 무선 마이크를 잡고 밤새도록 신나게 노래를 불렀다. 모든 식구들이 해변가 레스토랑에서 함께 양고기를 먹고, 베두인 카페에 가서 하늘의 별들을 보며 모닥불에 마시멜로도 구워 먹었다.

친구들과 **펀다이빙****을 하면서 프리다이빙의 매력에 흠뻑 빠져 들었다. 다이빙 스팟마다 특징이 달라서, 찾아다니는 재미가 쏠쏠했다. 특히 바닷속에 잠긴 당나귀 조형물을 발견했을 때, '물에 잠긴 고대

---

* '압력 평형'을 의미. 외부와 체내 기압의 균형을 맞추는 기술이다. 이를 무시하고 다이빙을 지속할 경우, 귀의 통증이 점차 강해져 자칫 잘못하면 청각 장애로 이어질 수 있다.
** 동료 다이버들과 자유롭게 다이빙을 즐기는 활동. 프리다이빙은 반드시 버디와 동행해야 한다는 룰이 있다.

도시, 아틀란티스'가 불현듯 떠올랐다.(바다 상태가 나빠서 흐릿했던 게 신비로움을 더했다.)

애니메이션 〈니모를 찾아서〉에서 본 형형색색의 물고기들이 유유히 헤엄쳐 다니고 있었다. 설마 수영도 할 줄 모르던 내가, 바닷속을 자유롭게 날아다니는 날이 오다니.

가끔 삶이 닭가슴살처럼 퍽퍽할 때, 다합에서 보낸 시간들을 떠올리곤 한다. 따사로운 햇살이 바다 위에 흩뿌려진 채, 찬란하게 반짝이던 윤슬은 아직도 눈앞에 선하다. 다합을 떠난 지 오랜 시간이 흘렀지만, 마음은 여전히 그곳에 머물러 있는 듯하다. 그래서 다합이 여행자들의 블랙홀이라고 불리는 게 아닐까.

충분한 나일 강도 당신의
친절에 만족할 것입니다

이집트

다합에서 만난 희성이, 성희와 함께 택시를 타고 요르단으로 떠나기 위해 뉴웨이바 항만으로 향했다. 두 사람의 이름이 비슷해서 자주 헷갈렸다. 희성이는 버디를 맺어 프리다이빙 수업을 같이 들은 남자애고, 성희는 유쾌한 성격을 가진 여자애다. 여행 경험이 풍부한 두 사람 덕분에 가벼운 마음으로 이집트를 떠날 수 있었다.

'페리'라는 생소한 선박을 타게 되어 들떠 있었다. 나는 놀이터를 휘젓는 어린아이처럼 이곳저곳을 파헤치고 다녔다. 난간의 의자에 줄지어 앉아 쉬고 있던 아저씨들에게 '저 요르단 가요!'라고 오두방정을 떨었다.

페리에서 가장 높은 갑판에 올랐다. 바다 한가운데에서 올려다보는 하늘에는 푸짐한 구름이 느릿느릿 떠다니고 있었다. 뒤따라온 성희가 주변을 슥 훑어보더니 말했다.

"전에 탔던 페리보다 크지는 않네."

이 페리보다 더 큰 게 있다고? 나도 여행을 계속하다 보면 그런 걸 타볼 날이 오려나. 세상은 여전히 내가 모르는 것 투성이다.

이집트에서 촬영해 놓고 미뤄둔 영상들을 편집해야 했다. 유일하게 콘센트가 설치된 승객실 가장 안쪽의 6인용 테이블에 앉았다. 먼저 자리를 잡은 아저씨와 대각으로 마주 보고 앉았다.

그는 베이지색 망사조끼를 입고 있었다. 동글동글한 얼굴에 구레나룻부터 턱까지 이어진, 이른바 '털보 수염'이 설명할 수 없는 친숙함을 더했다. 닻을 올린 페리는 천천히 이집트로부터 멀어지기 시작했다.

◆

어떻게 대화가 시작됐는지 잘 모르겠다. 어느샌가 털보 아저씨와 이야기하고 있었다. 번역기를 이용해 한국어를 아랍어로, 아랍어를 한국어로 변환해 소통했다.

아저씨는 트럭 기사로 일하고 있으며 요르단, 시리아, 이집트 등 여러 곳을 다니고 있었다. 뒷자리에서 대화를 듣고 있던 성희가 심심했는지 테이블에 합류했다. 희성이는 정신없이 자고 있었다.

배에서 꼬르륵 울리는 배꼽시계에 점심시간이 되었음을 알아챘다. 챙겨온 간식이 없었기 때문에 마땅히 먹을 게 없어 아쉬웠다. 아저씨는 조끼 주머니에서 뭔가를 주섬주섬 꺼내 들더니, 검은 봉투에서 납작한 빵을 꺼내보였다. 인도에서 먹어본 밀가루로 만든 '난'이었다. 아저씨는 난을 한입 베어 물더니 다시 봉투에 손을 찔러 넣어, 또 다른 난을 꺼내 우리에게 권했다.

한국인 정서상 한번은 거절한다. 하지만 두 번은 실례다. 아저씨에게 받은 난을 두 손으로 받아 들고 한입 베어 물었다. 아무 맛이 안 났지만 맛있었다.(?) 아저씨는 작은 플라스틱에 든 소스도 건넸다. 소스에 찍어 먹으니 소스 맛이 났다.(?)

"챠이나?"

"코리아!"

성희가 '두 유 노우 SON HEUNG MIN!'하고 물어봤지만 아저씨는 아무런 반응이 없다. 그를 모르다니.

이집트와 요르단을 왕복하는 페리의 매점은 무슨 화폐를 취급하는지 확인해 보고 싶었다. 별 게 다 궁금하다. 카운터를 지키고 있는 남자에게 물어보니 이집트 화폐로 계산이 가능하다고 했다. 뒤따라온 성희가 묻는다.

"뭐 사려고? 나 돈 있어."

"아니 그냥 무슨 화폐 쓰는지 궁금해서."

"내가 음료수 사서 아저씨 드릴게. 먼저 가 있어."

그때 아저씨가 내 앞을 '슝'하고 지나가더니 탄산음료 2개와 초코바 4개를 계산해 우리에게 내밀었다. 순식간에 벌어진 일이었다.

"노 ㄴ 노 오 노 ㄴ ㅗ 노 ㄴ 노!"

　아저씨의 점심 식사를 뺏어 먹은 것도 모자라, 뻔뻔하게 후식까지 얻어먹을 수는 없었다. 그 마음을 아는지, 아저씨는 '넣어둬'하는 표정으로 흐뭇하게 미소 지을 뿐이었다. 매점 직원은 뒤에서 감동 받은 표정으로 우리를 바라봤다.

　우리는 더 많은 대화를 나눴다. 아저씨의 이름이 '빠디 저미르'라는 것과, 요르단 사람이라는 걸 알게 됐다.

　"요르단에 처음 가보는데, 아저씨 덕분에 요르단이 좋은 나라라는 걸 알게 됐어요!"

　성희의 감사에 아저씨는 수줍게 웃기만 했다. 우리의 인연을 번역기가 질투라도 하는 걸까. 종종 발생하는 오역 때문에, 아저씨가 무슨 말을 하고 싶은 건지 의미를 파악하느라 진땀을 빼야 했다.

　'요르단에서는 냄새를 제거합니까?', '빵집 번호가 맞습니까?', '이것은 내가 죽이지 않았습니까?' 등 이상한 말을 뱉어냈다.

특히 '빵을 얼마나 더 먹어서 나일강을 만족시키려 하지 않습니까?'
는 무슨 말인지 전혀 짐작조차 할 수 없었다. 옆에서 보고 있던 성희
는 재밌다며 킥킥 웃었다. 요르단 속담이 아닐까 하는 생각에, 그의
눈높이에 맞는 센스 있는 답변을 하고 싶었다.

"아마 나일강도 충분히 만족하고 있을 겁니다."

아저씨는 한동안 번역기 화면을 바라보더니, 미간을 찌푸리며 알 수
없는 말로 혼잣말을 했다.

'이게 아닌가?'

아저씨는 오른손 검지손가락을 들어 빵을 가리켰다가 당신의 등 뒤
에 있는 매점을 가리켰다. '매점에서 간식 더 사다 줄까?'라고 묻는
것 같았다.

"노 논 ㄴ노 논 ㄴㄴ 노 노!"

성희와 나는 반사적으로 놀라서 극구 사양했다. 아저씨는 그런 우
리의 모습을 보고 재밌다고 껄껄 웃었다. 빠디 아저씨의 나일 강은 도
대체 얼마나 넓은 걸까.

페리는 요르단 아카바 항만에 정박했다. 모든 탑승객이 차례로 내려
짐을 찾아 입국 심사를 기다려야 했다. 주위를 두리번거렸지만, 빠디
아저씨의 모습이 보이지 않았다. 제대로 인사도 못하고 헤어지는 게
아쉬웠다. 자다 일어난 희성이에게 아저씨와 있었던 일들을 이야기했
더니, 그런 재미있는 일이 있었는데 왜 깨우지 않았냐고 아쉬워했다.

멀리서 익숙한 실루엣 하나가 다가오고 있었다. 빠디 아저씨였다.

아저씨도 우리에게 마지막 인사를 하러 온 거였다. 휴대폰을 꺼내 서로의 사진을 찍었다. 강하게 불어오는 바닷바람 탓에 머리카락이 뒤집힌 우리의 우스꽝스러운 모습이 메모리에 박제됐다.

  서로의 안녕을 빌며 각자의 길로 떠났다. 빠디 아저씨 덕분에 요르단 여행이 기대된다.

요르단 패스

요르단

 우리들의 요르단 여행이 시작됐다. 페트라, 와디 럼, 사해, 마인 온천을 순서대로 방문할 계획을 세웠다. 내 여행 중 처음이자 마지막으로 계획에 따른 여행이었다.

 아카바의 고속도로도 우리나라처럼 아스팔트로 포장돼 있었지만, 관리가 엉망이었다. 곳곳에 난 작은 포트홀 때문에 두 눈 부릅뜨고 운전해야 했다. 그렇지 않으면 소중한 보증금을 머금은 렌트카 타이어에 펑크가 날지도 모르니까.

 제일 먼저 도착한 곳은 고대 도시 유적 '페트라'였다. 돌길을 따라 직진만 하면 되는 코스라 어렵지 않았다. 우리는 절벽에 걸터앉아 서로 사진을 찍어주기도 하고, 엉뚱한 상황극 놀이도 했다.

 '알 데이르'라는 수도원은 인터넷에서 본 사진 그대로였다. 어떻게 벽을 깎아 건물을 만들 생각을 했을까. 내가 알던 건축법은 건축 자재를 바닥에서 쌓아 올리는 것뿐이었다. 신선한 방식에 감탄했다.

 반나절 가량 쭉 걷기만 했다. '보물창고'라는 뜻의 '알 카즈네'에 도

(페트라 동호회)

달하는 걸로 페트라 일정을 마무리했다.

　미리 예약해둔 현지 가정집에 쿠킹 클래스를 하러 갔다. 사람 좋은 웃음으로 현관에 마중 나와, 우리를 맞아주는 할아버지부터 손주들까지 삼대가 한집에 살고 있었다.
　쌀밥, 가지, 치킨, 감자 등을 넣고 쪄서 만든 요르단 음식 '마 끌루바'라는걸 먹었다. 쿠킹 클래스라길래 같이 음식 만드는 걸 기대했는데, 간단히 재료 소개만 하고 끝났다. 이미 조리된 저녁 밥으로 허기를 달랬다. 맛있었다.
　거실에 앉아 디저트로 나온 시나몬 케이크와 티를 마시며, 가족들과 도란도란 이야기를 나누었다. 할아버지의 권유로 옷걸이에 걸려있던 요르단 전통 의상을 입어보기도 했다.

저녁 7시에 열리는 나이트 페트라 오픈 시간에 맞추려면 슬슬 자리에서 일어나야 했다. 가방을 챙겨 나가려고 하는데, 호스트였던 젊은 여자가 앞을 막아섰다.

"내가 보는 앞에서 리뷰 5점 주고 가!"

이 집을 선택한 이유는 근방에서 사용자 리뷰가 가장 좋았기 때문이다. 그런데 찜찜함 진실을 마주하게 됐다. 이곳에서 나가려면 호스트 입맛에 맞는 만점짜리 리뷰를 작성해야 했던 것이다. 나이트 페트라를 보러 가야 한다는 핑계로 가까스로 도망 나올 수 있었지만, 그녀는 마지막 순간까지 끈질기게 리뷰를 강요했다.

"너희들이 리뷰 5점을 줄 거라는 걸 알고 있어. 잘 가!"

다소 공격적이었던 그녀의 태도에 불편한 마음을 안고, 나이트 페트라 매표소로 향했다.(리뷰는 적당히 했다.)

나이트 페트라는 일주일 단 3일인 월, 수, 목요일에만 운영했다. 우리의 요르단행이 긴박하게 결정된 탓에, 원하는 타이밍을 맞출 수는 없었다. 이상적인 요르단 여행 루트는 《 아카바 → 와디 럼 → 페트라 → 사해 》 순서였다. 이게 군더더기 없는 루트다.

하지만 우리는 나이트 페트라를 보기 위해 《 아카바 → 페트라 → 와디 럼 → 사해 》 동선을 짤 수밖에 없었다. 페트라에서 차를 돌려 와디 럼으로 갔다가, 와디 럼에서 페트라를 거쳐 사해로 향하는 비효율적인 동선이다. 2~300Km 정도 더 달려야 했지만, 그만큼 나이트 페트라에 거는 기대가 컸다.

기대가 크면 실망도 큰 법. 비록 우리가 10분 늦게 입장했지만, 3만 원이나 주고 산 티켓 가격에 볼만한 콘텐츠가 없었다.

알 카즈네 앞에 세팅된 의자에 앉아 공연을 감상했다. 50석? 100석? 정확히 기억은 나지 않는다. 레이저 빔에서 뿜어져 나오는 빛의 색깔이 바뀔 때마다 알 카즈네의 외관 색도 변했다. 그 아래에서는 연주자들이 기타를 치며 30분 동안 노래했다. 그게 다였다.

◆

내가 운전대를 잡고 있을 때 일이었다. 뒤따라오고 있던 검은색 승용차가 거칠게 경적을 울려대며 헤드라이트를 깜빡거려댔다. 규정 속도대로 주행하고 있었기 때문에, 왜 저렇게 화가 났는지 알 수 없었다.

'응가가 급한가 보다'라고 추측하며 속도를 유지했다. 뒷차는 인내심이 극에 달했는지, 반대편 차선으로 넘어가서 우리 차를 추월했다. 성희와 희성이는 숨죽여 이 상황을 지켜보고 있었다. 나는 마른침을 꼴깍 삼켰다.

앞차는 왼쪽 창밖으로 손을 내밀어 자동차 바퀴를 가리켰다. 새 차 뽑았다고 자랑하고 싶은 걸까. 아닌가? 새로운 타이어를 교체했나? 온갖 억측을 하다가, 한 가지 생각이 뇌리를 스쳤다. 갓길에 차를 세우고 외관을 살폈다. 오른쪽 뒷바퀴 휠 커버가 당장이라도 떨어질 것처럼 덜렁거리고 있었다.

　아카바에서 처음 차를 빌릴 때, 모든 타이어의 휠 커버가 각각 흰색 케이블 타이 두 개로 고정돼 있었다. 그런데 지금 확인해 보니, 오른쪽 뒷바퀴의 휠 커버를 지지하고 있어야 할 케이블 타이 하나가 사라져 있었다. 어디서 떨어진 걸까. 다행스럽게도 힘을 주어 휠 커버를 밀어 넣으니 '쿡' 하는 소리와 함께 간단히 고정됐다. 앞차의 오지랖 덕분에 무사히 여행을 이어갈 수 있었다.

◆

　영화 〈트랜스포머〉, 〈마션〉의 촬영지로 유명한 와디 럼 사막에서 샌드 보딩도 하고, 사막 한 가운데 있는 텐트에서 하룻밤을 지새웠다. 칠흑 같은 밤하늘을 수놓는 별들과, 그것들 사이를 자유롭게 유영하는 별똥별을 눈에 담았다. 간밤의 여운이 가시기도 전에, 다음 목적지인 사해로 향했다.

　와디 럼부터 사해까지 거리는 약 250Km였다. 이른 아침부터 친구들과 번갈아 가며 운전대를 잡았다. 직진만 하면 되는 단순한 경로였다.

　두어 시간가량 지났을까. 멀리서 검은색 실루엣 하나가 성큼성큼 아스팔트 도로 중앙으로 들어오는 게 보였다. 길 잃은 검은 양인가 싶었지만, 점차 선명해지는 그것의 정체를 보고 뜨악했다. 경찰복을 입은 젊은 남자였다. 그의 옆에는 검은색 지프차 한 대가 주차돼 있었고, 보닛에 경찰 마크가 붙어있었다.

"여권이랑 차량 등록증 들고 내리세요."

갓길에 차를 세우고, 그를 따라 주차된 경찰차 앞으로 이동했다.

차 안에는 중년 남성이 한 명이 앉아 있었다. 그는 스피드 건을 내밀며, 화면에 표시된 '133'이라는 숫자를 보여줬다. 규정 속도인 100Km를 위반했다는 거였다. 그 먼 거리에서 정밀한 속도 측정이 가능하다고? 이건 어느 나라 기술력일까.하고 감탄했다. 네비게이션이 제대로 작동하지 않은 건 미스터리였다. 도대체 왜 그랬던 걸까?

차에 탄 중년 경찰이 무전기에 대고 무어라 말했다. 15분 동안 무전기에서 아무런 반응이 없었다. 그는 '쯧'하고 혀를 한번 차더니 그냥 가도 좋다고 했다. 그들의 마음이 바뀌기 전에, 후다닥 차에 시동을 걸어 도망치듯 달아났다. 요르단을 떠나는 순간까지 규정 속도를 철저히 준수했다.

◆

염도가 34%나 되어서 물고기가 살기 어렵다는 사해에서 몸을 둥둥 띄워보기도 하고, 절벽에서 떨어지는 온천수가 유명한 마인 온천에서 피로를 달래기도 했다.

우리 여행의 종착지인 암만에 도착했을 때 해가 저문 뒤였다. 성희와 희성이가 무사히 비행기에 오를 수 있도록 공항까지 바래다줬다. 서로의 안녕을 빌어주면서.

혼자 남아 렌트카를 반납해야 하는 상황에 놓였다. 이건 생각 못 했네... 영어를 잘하는 친구들이 떠났으므로 모든 과정을 혼자 처리해야 했다. 잘할 수 있을까. 걱정부터 앞섰지만 해내야만 했다. 그렇지 않으면 반납 지연금을 내야 한다. 어질러진 차량 내부를 깔끔히 청소한 뒤, 공항 안에 있는 렌트카 전용 주차장에 차를 세웠다.

단정한 흰색 와이셔츠를 입은 직원이 차 안을 꼼꼼히 살폈다. 체크리스트에 따라 순차적으로 검사를 진행했다. 담임 선생님께 받아쓰기를 채점 받을 때 긴장감이 떠오른다. 요르단 사람들도 받아쓰기를 하나?

차 내부를 둘러보던 직원이 '왜 차량 등록증이 엉뚱한 위치에 있습니까?'라고 묻길래 '그냥 궁금해서 꺼내봤다'며 둘러댔다. 그는 미심쩍어했지만, 더 묻지 않았다. 좋아. 잘 대처했다.

"여기 휠 커버는 어디 갔습니까?"

두뇌를 풀가동했지만 좋은 핑계거리가 떠오르지 않았다. 사해에 도착했을 때, 그것은 이미 증발해 있었다. 기껏 현지인들이 오지랖까지 부려가며 도와줬는데 말이다. 바퀴 요정이 훔쳐 갔다고 하면 믿어주려나.

아카바에서 렌트할 때 찍어둔 영상을 그에게 보여줬다.

"휠 커버는 처음부터 고정력이 약한 케이블 타이로 고정돼 있었습니다."

하지만 그는 진지하게 받아들이지 않았다. 휠 커버 수리 비용을 제외한 보증금이 일주일 안에 계좌로 입금될 거라고 했다.

공항에서 택시를 타고 암만 시내의 숙소로 돌아왔다. 침대 4개가 놓인 조용한 방에 덩그러니 놓여졌다. 원래 그랬던 것처럼 다시 혼자가 됐다. 그런데 왜 이렇게도 허전한 걸까? 창가로 새어 들어온 달빛을 머금은 한 송이 꽃이 유달리 외로워 보였다.

No plan is the best plan

대학교에 복학하기 전, 혼자 3박 4일 동안 일본 오사카에 다녀온 적이 있었다. 생애 첫 해외여행이었다. 군대를 전역하자마자 무작정 여권을 만들었고, 어디든 좋으니 한국 밖으로 나가보고 싶었다. 알바를 해서 모은 돈으로 떠났다. 일본 오사카를 여행지로 정한 이유는 '해외여행 초보자 추천 여행지 부동의 1위'였기 때문이었다.

한 번도 해보지 않은 '여행'을 어떻게 해야 할지 난감했다. 그래서 검증된 스케줄을 철저히 따랐다. 여행은 짐을 쌀 때가 가장 즐겁다는데, 딱히 그런 감정은 없었다. 출국 일정이 코앞까지 들이닥쳤을 때, 설레임보다 막연한 두려움이 컸다. 콜럼버스의 용기가 얼마나 대단한 것인지 이때서야 알 수 있었다.

10분 단위로 짜여진 스케줄을 따라 오사카부터 교토, 고베, 나라를 알차게 돌아다녔다. 글리코상을 배경으로 사진도 찍고, 타코야끼 맛집에서 오리지널 타코야끼를 맛보기도 하고,(그다지 맛은 없었다.) 사슴에게 전병도 먹여봤다.

스케줄을 성공적으로 하나씩 소화할 때마다 v 마크를 남겼다. 집으로 돌아와서 100% 소화한 일정표를 보고, '성공'한 여행에 큰 만족감을 느꼈다.

"오사카 여행에서 뭐가 제일 좋았어?"

그런데 친구들의 질문에는 아무 대답도 할 수가 없었다. 일본 여행 가서 뭘 했더라? 완벽한 여행이었는데 이상하다.

어쩌면 다른 사람들처럼 미리 계획을 짜놓고 여행을 다니는 건, 나와 맞지 않을지도 모르겠다는 생각이 들었다. 분명 많은 것들을 보고 왔지만, 시간에 쫓기느라 새로운 경험을 소화할 시간이 부족했던 것 같다. 목적 달성에 급급했던 게 실수였다. 만족감은 100% 완벽한 수치를 기록한 일정표의 깔끔한 디자인에서 오는 것이었다.

그래서 이번 세계여행은 정해진 계획 없이 해보고 싶었다. 문화 예절, 인삿말 등 기본적인 것 외에 일부러 아무런 정보도 찾아보지 않았다.(귀찮음도 한 몫했다.) 숙소는 최저가로 정했고, 시야에 들어오는 적당한 골목식당에서 끼니를 해결했다.

검증되지 않은 것들 투성이라 아쉬운 적도 많았다. 하지만 직접 부딪혀가다보니, 전혀 예상치 못한 곳에서 뜻밖의 인연을 마주할 수도 있다. 나의 이야기는 무계획에서 시작되었다.

여행은 마음껏 실패해도 되는 게임 중 하나라고 생각한다. 정답이 없다. 얼마든지 새롭게 시작할 수 있고, 이어서 시작할 수도 있는 그런 게임. 직접 겪어보기 전까지 알 수 없는 것이다. 누구나 자기만의 룰을 만들 수 있다.

노파는 아이를 보고 웃고,
아이는 그냥 웃는다.

로마의 크로키

이탈리아

'유럽'

 살면서 가볼 날이 있을까 싶던 대륙에 성큼 발을 들였다. 시작은 이탈리아였다. 베네치아, 나폴리, 밀라노 등 유명한 도시들 중에서 굳이 로마를 선택한 이유는, 어렸을 때 본 만화의 배경이었기 때문.

 유럽은 소매치기로 악명이 자자했다. 한국처럼 테이블 위에 휴대폰으로 자리를 맡는 일은 상상도 할 수 없는 일이었다.라고 하더라. 무의식적으로 습관이 튀어나오지 않도록 조심해야 했다.

 굳은 다짐을 비웃기라도 하듯, 이른 아침부터 레스토랑 야외 테이블 위에 식기 도구들이 당당히 세팅돼 있었다. 많은 사람들이 지나다녔지만, 놀라울 정도로 아무도 관심을 주지 않았다. 아직 소매치기범들이 출근하지 않아서 그런 걸까.

 다합에서 만난 혜경이가 추천해 준 '산트 유스타치오 카페'에 갔다. 로마의 3대 커피로 손꼽히는 유명한 곳이라고 했다. 그녀는 한국의 에스프레소와는 차원이 다르다면서, 꼭 설탕을 넣어야 된다고 강조했다.

　유명세를 증명하듯 아침인데도 대기 줄이 있었다. 메뉴판을 보고 천천히 주문하고 싶었다. 하지만 뒤에서 기다리고 있는 손님들 눈치 보랴, 쏜살같은 카운터 직원의 말 속도에 따라가랴 정신이 없었다. 휩쓸리듯 에스프레소 한 잔과 초코 크림빵 한 개, 레몬 크림 과자 한 개를 주문했다. 긴장한 탓에 말이 제대로 나오지 않아 커피만 홀짝일 뻔했는데, 빵을 두 개나 주문했다. 이 정도면 선방했다.

　이탈리아 에스프레소에는 '크레마'라는 갈색 거품이 곁들여져 있는 게 특징이다. 지금껏 봐오던 것과 조금은 다른 형태다. 설탕을 넣고 티스푼으로 가볍게 저어, 한 모금씩 음미했다. 어느새 마지막 한 모금. 아쉬운 마음에 커피잔 바닥에 드러난 설탕을 티스푼으로 가볍게 긁어 입으로 가져간다. 씁쓸함과 달콤함이 소용돌이 친다. 아, 좋다.

◆

　로마에 오기 전에 적어둔 버킷리스트, '날씨 좋은 날 야외 테이블에 앉아 그림 그리기'를 실행할 때가 됐다. 작년 이맘때 미술 학원에서 갑자기 떠오른 아이디어다.

　무작정 길을 걷다가 '나보나 광장'에 도착했다. 대리석으로 조각한 3개의 분수에서 힘차게 뿜어져 나오는 물줄기에서 웅장함마저 느껴지는 듯했다.

기념품샵에서 지우개 달린 연필과 연필깎이를 샀다.(굳이 제일 저렴한 걸로 달라고 했다.) 광장을 배회하다가 손님 몇 명이 식사하고 있는 레스토랑의 야외 테이블에 앉았다.(손님이 있다는 건 어느 정도 맛이 있다는 거니까.)

여자 직원이 와서 메뉴판을 건네줬다. 내가 아는 이탈리아 음식은 고작 피자와 파스타뿐이었기에, 그녀에게 메뉴 추천을 부탁했다. 자기 고향 명물이라는 '타r뽈'이라는 파스타와 '드래곤 아이즈'라는 티를 추천해줬다.(고향이 어딘지 물어봤어야 했는데.) 그래서 그걸로 달라고 했다.

타r뽈은 까르보나라처럼 걸쭉한 크림과 부드러운 면발이 인상적이었고, 드래곤 아이즈는 어디선가 맡아본 듯한 진한 꽃향기의 맛이 났다. 충분히 만족스러운 식사였다. 영수증을 받아들기 전까지.

새 연필을 연필깎이에 넣고 돌려 흑연을 뾰족하게 만들었다. 가방에서 공책을 꺼내 테이블 위에 펼쳤다. 가만히 앉아 눈앞에 놓인 이색 풍경을 관찰했다. 땅 보러 온 부르주아가 된 것 같다.

첫 크로키 대상은 삼지창을 든 근육질의 남자 대리석 조각상으로 정했다. 섬세하게 조각된 근육들을 선으로 표현하려 했지만, 손이 뜻대로 따라주지 않았다. 도대체 저걸 어떻게 만든거람.

30분 동안 그렸다, 지우기를 반복한 끝에 완성했다. 정말 형편없는 실력이다. 그래도 재밌다. 그림을 '잘' 그리는 게 아니라, 그냥 그림을 그리는 게 목적이었기 때문이다. 생전 처음 이국에서 맛보는 여유는 더없이 달콤했다.
 선글라스를 끼고 돌아다니는 사람들, 투어 플래그를 들고 관광객들을 인솔하는 가이드, 분수 앞에서 열심히 사진 찍는 사람들. 광장의 다채로운 색에 지루할 틈이 없다. 빈 종이 위에 나를 인식하지 못하는 생명체들이 흘리는 찰나의 순간을 연필로 주워담는다. 게으른 로마의 시간이 좋다.

루다스, 토퓌르되, 미슈콜츠
그리고 무임승차

헝가리

제주 한 달 살기 같은 경험을 해보고 싶었다. 그것도 해외에서! 유럽을 검색하다가 연관 키워드에 노출된 '유럽 한 달 살기'를 발견하고, 이미 경험한 사람들의 생생한 리뷰를 접했다. 그렇게 부다페스트에서 2주 살기를 해보게 됐다.

미드의 한 장면처럼 친구들을 집에 불러 소소한 파티를 벌인다거나, 자주 가는 집 앞 카페 사장님이 "이번에 준비 중인 음료인데 마셔보고 평가 좀 해줘."라며, 아직 세상에 나오지 않은 메뉴를 미리 맛보게 해주는 등 돌발 이벤트를 꿈꿨다. 왜 한국에서는 이런 생각을 해보지 못했을까.

헝가리도 이탈리아 못지않게 사악한 물가를 자랑했다. 계약한 숙소는 부다페스트 시내 변두리에서 가장 저렴한 곳이었음에도 무려 50만 원이 넘었다. 미쳤다고 생각했다. 미친 게 맞았다. 미치지 않고서야 할 수 없는 결정이었다. 그래서 했다. 지금이 아니면 또 언제 이런 기행을 벌일 수 있을지 모르니까.

일주일 동안 숙소에 갇혀 영상 편집에만 매달렸다. 그동안 밀린 영상이 너무 많았다. 여행을 온 건지, 일을 하러 온 건지 헷갈릴 정도였다. 누가 이런 영상을 보기나 할까 싶으면서도, 훗날 '그땐 그랬지' 하며, 이 순간을 회상할 주름진 내 모습을 상상하며 꾸역꾸역 영상을 완성했다.

8일 차가 되어서야 시내를 돌아다닐 수 있었다. 부다페스트에서 가장 유명하다는 국회의사당 야경도 보고, 시내를 관통하는 강을 따라 운행하는 야간 크루즈도 탔다. 어설프지만 마트에서 산 식재료로 직접 요리도 해 먹었다.

냄비 밥, 햄버거, 소세지 야채 볶음 등, 레시피를 보고 만들었는데 맛은 복불복이었다. 클릭 한 번으로 편하게 시켜 먹던 배달 음식의 편리함을 새삼 느낀다. 한국에 돌아가면 엄마에게 요리를 배워야겠다.

2월의 헝가리는 아직 겨울이었다. 추위에 약한 나로서는 얇은 점퍼 하나로 밖을 돌아다니기가 쉽지 않았다. 뜨끈한 목욕탕이 사무치게 그리워진다. 문득 요르단 한식당의 사장님이 추천해 준 헝가리 온천이 생각났다.

인터넷을 뒤져보다가 헝가리는 온천으로 유명한 국가라는 걸 알게 됐다. 한국에서 찾아보기 힘든 독특한 컨셉의 온천들이 눈에 띄었다. 부다페스트에서 접근하기 용이하거나, 현지인들이 많이 찾는 온천을 기준으로 세 곳을 정했다.

3층 옥상에서 부다페스트의 야경을 내려다볼 수 있는 루프탑이 유명한 루다스 온천, 수심이 38m나 된다는 헤비츠의 토퓨르되 온천, 현지인들이 사랑하는 미슈콜츠의 동굴 온천. 이 세 곳으로 즉흥 온천 투어 프로그램을 구성했다.

헝가리를 떠나기 4일 전 급하게 정한 투어였기 때문에, 3일을 연달아 온천에 방문해야 했다. 버스에서 벌금을 내는 해프닝만 없었더라면 더없이 완벽했을 투어였다.

◈ 부다페스트 - 루다스 온천 ◈

루프탑 야경만 있는 줄 알았는데 수영장, 사우나, 목욕탕 등 다양한 시설이 즐비한 게 반전이었다. 어쩐지 이상하다 했다. 겨우 건물 옥상에서 야경 보는데 티켓 가격이 3만 원이나 넘는다는 게. 마감 직전까지 온탕, 냉탕, 사우나, 루프탑을 번갈아 가며 온몸에 퍼지는 카타르시스를 만끽했다.

◈ 헤비츠 - 토퓨르되 호수 온천 ◈

시외버스를 타고 헤비츠라는 지역의 토퓨르되 온천 호수로 향했다. 라커 룸까지 안내해 주는 인자한 아주머니가 말을 걸었다.
"재~팬~?"
유럽 사람들 눈에도 나는 영락없는 일본인인가보다. 가볍게 부정하고 수영복으로 갈아입었다. 온천수는 미지근하다 못해 썰렁했다. '온천'은 따뜻한 탕을 의미하는 게 아니었던가?

'풍덩'하고 몸을 던졌는데, 정수리까지 가볍게 빠져버렸다. 경고문에 최소 수심이 2m부터 최대 38m까지 되니 조심하라는 문구가 적혀있었다. 대한민국 평균 남성 신장으로 덤벼들어도 이길 수 없는 레벨이다. 프리다이빙을 배웠다고 자연스럽게 수영을 할 수 있는 건 아니었다. 물속에서 몇 번이나 발버둥 쳐봤지만 눈, 코, 입으로 미지근한 온천수만 들이킬 뿐이었다.

◈ 미슈콜츠 - 동굴 온천 ◈

벽을 파서 만든 동굴에 물을 흘려보내 수영장을 만들었다. 자녀를 둔 다정한 부부, 젊은 남녀 커플들이 많이 보였다. 빛이 나는 솔로는 나뿐이네.

독특했던 건 공공 장소에서 젊은 남녀 커플이 진하게 키스하고 있었지만, 눈살을 찌푸리는 사람은 아무도 없었다. 나이가 지긋한 노부부조차 '참 좋을 때구먼...'하며 애틋한 눈빛으로 바라볼 뿐이었다. '이게 유럽인가?' 감탄하면서, 적잖은 컬쳐 쇼크를 받았다.

연달아 3일 연속으로 온천을 즐긴 덕분에, 갓 세차를 마친 중고차 마냥 얼굴에서 광택이 났다. 이대로 끝났다면 성공적인 온천 투어였겠지만, 여행은 항상 예상치 못한 '변수'를 동반한다.

사건은 셋째 날 미슈콜츠 동굴로 향하는 버스 안에서 발생했다. 동굴 온천으로 가려면 미슈콜츠 기차역에서 트램, 버스를 각각 1번씩 타야 한다. 역 앞에 위치한 매표소 직원에게 동굴 온천으로 향하는 맵을 보여주며 'go and return? return?' 하며 여러 차례 물었다.

그녀는 티켓 2장을 건네며 '이거면 충분하다'고 했다. 트램, 버스 티켓을 따로 구매해야 했던 부다페스트와 달리, 미슈콜츠에도 우리나라처럼 대중교통 환승 시스템이 있다는 걸로 이해하고 트램에 올랐다.

펀칭 머신기에 티켓을 갖다 대면 티켓 끝부분에 구멍 2개가 찍히는데, 그걸로 티켓 사용 여부를 판별한다. 선진국임에도 아날로그 방식을 고집하는 이유가 궁금해진다.

헝가리 버스의 출입문은 앞문, 중앙문, 뒷문으로 3개나 있었다. 앞문으로 올라타며 트램에서 사용한 티켓을 버스 기사에게 보여주며 물었다.

"이 티켓 사용할 수 있나요?"

"OK."

15분 정도 달렸을까. 두툼한 검은색 점퍼를 입은 중년 남성 두 명이 앞문과 뒷문으로 승객들을 에워싸듯 올라탔다. 마치 하이에나 두 마리가 먹잇감을 포위하는 모양새다. 나는 중앙문 앞에 서 있다가, 검표원에게 티켓을 내밀었다.

"이건 사용할 수 없는 티켓입니다."

검표원들은 내가 무임승차를 했다고 한다. 황당했지만 버스 기사에게 확인받다고 대답했다. 버스 기사는 거울을 통해 힐끔거리며 쳐다보기만 할 뿐이었다. 검표원들을 따라 다음 정거장에서 내렸다. 다시 한번 억울함을 토로했지만, 받아들여지지 않았다.

"아마 버스 기사는 이 티켓이 사용됐는지 정확히 몰랐을 겁니다. 법이라서 어떻게 해드릴 수가 없네요. 협조하지 않으시면 경찰을 부를 수밖에 없습니다."

버스 기사와 대화한 영상을 보여줄까? 아니다. '왜 허락도 없이 촬영하느냐'라고 따지면, 뭐라 반박할 말이 없다. 차라리 경찰서에서 진술하는 게 낫지 않을까?하는 생각도 들었지만, 그것 역시 그만두었다. 혹여나 대사관으로 소식이 전달돼 한국 언론에 알려지면, '민폐 한국인'으로 뉴스 헤드라인을 장식할지도 모를 일이었다. 일이 너무 복잡해질 것 같다. 그런 귀찮은 일은 사양이다.

어차피 내일 헝가리를 떠나야 하므로, 너무 많은 시간을 허비하지 않기로 한다. 무엇보다 공직자와 다퉈서 좋을 게 없었다. 마지막으로 '미슈콜츠에 처음 방문했어요.'라고 했지만, 이것 역시 통하지 않았다. 어쩔 수 없이 카드를 꺼냈다.

검표원은 22,000원을 결제하겠다고 했다. 예상했던 것보다 벌금이 저렴(?)했다. 부다페스트에서 벌금을 물었다는 후기에 비해 한참 낮은 가격이다. 패널티 할인 시즌인가? 구태여 묻지는 않았다. 검표원은 카드 단말기가 뱉어내는 영수증과 함께 티켓 5장을 건네줬다.

"이 티켓은 바로 사용할 수 있습니다."

미슈콜츠 지역에서만 사용할 수 있단다. 주머니에 아직 쓰지 않은 티켓 1장을 더해 6장이 되었다. 미슈콜츠를 떠나려면 티켓 3장이면 되는데. 도대체 이걸 어디다 쓰라고.

시간은 지체없이 흐른다. 방금 있었던 일을 얼른 털어버리는 게 현명할 터였다. 그렇게라도 하지 않으면 하루종일 억울할 것 같으니까. 고작 이런 일로 남은 하루를 망칠 수 없다. 그럼에도 찝찝한 마음은 쉽게 가시질 않는다. 나는 왜 이다지도 약한 걸까. 아니 아까 그 버스 기사가 아오.

고급 살롱

체코

여행 3개월 차에 접어들면서, 머리 스타일에 어떤 변화를 주고 싶었다. 아침에 드라이기로 머리를 말리면 이상하게 꺾이는 모양이 마음에 안 들었다. 동네 미용실 이모가 해주셨던 파마 시술을 떠올리며, '프라하 미용실'을 검색했다.

프라하에는 이상하리만치 한인 미용실이 많았다. 한때 인기를 끌었던 〈프라하의 연인〉의 영향일까? 이미 일주일 치 예약이 꽉 차 있었다. 전부 한국인이겠지?

한반도에서 멀리 떨어진 유럽까지 왔으니, 이곳에서만 할 수 있는 독특한 경험을 해보고 싶었다. 현지 미용실에서 파마 시술을 받아보기로 했다.

무작정 지도에 'Hair Shop'을 검색하고 찾아간 프라하 시내 변두리의 작은 헤어샵 문을 열었다. 오픈 준비 중이던 데스크의 여직원과 눈이 마주쳤다.

"안녕하세요. 파마 시술을 받고 싶어요."

그녀는 고개를 갸우뚱거렸다.

"아이, 원트, 파마."

그녀는 '파마'가 뭔지 전혀 모르는 눈치였다. 파마가 영어로 파마 아닌가? 컬링, 펌, 써클, 프리덤, 브로콜리까지. 스무고개 하듯 비슷한 단어들을 쏟아냈다. 1분 전까지 평화롭던 그녀의 일상에 시련을 내린 셈이 돼 버렸다. 나도 힘들다.

멀리서 건장한 체격의 남자가 다가왔다. 팔뚝에 새겨진 문신과 다부진 어깨, 스마트함을 더해주는 검은색 뿔테 안경을 착용했다. 한 손에는 작고 소중한 헤어빗을 쥔 채. 아마 원장이겠지.

그에게도 파마 시술을 받고 싶다고 했다. 이 사람도 파마라는 단어 자체를 이해하지 못했다. 그가 무어라 말을 한다. 그런데 나는 뜬금없는 그의 질문에 당황해서 되물었다.

"보이쁘렌드???"

그는 약하게 한숨을 들이쉬며 천천히 말했다.

"No, Do you have an appointment?"

쥐구멍이라도 있다면 숨고 싶다. 어떻게 'an appiontment'가 'a boyfriend'로 들렸던 걸까. 미리 준비한 샘플 사진을 그에게 보여줬다. 그제서야 그는 'Oh~'하더니 휴대폰 속 사진을 꼼꼼히 살펴봤다.

"죄송합니다. 뭘 원하시는지 모르겠네요."

뭐야, 아는 척은 왜 한거야? 그는 잠시 생각에 잠기더니, 메모지에 뭔가 적기 시작했다.

113

"여기라면 원하는 시술을 받을 수 있을지도 모르겠군요."

그의 추천에 따라 고층 빌딩 1층에 위치한 'Libor Sula Salon'이라는 곳에 도착했다. 트렌디한 잡지들, 선반에 널린 각양각색의 헤어 제품들, 손님들과 웃으며 대화를 주고받는 디자이너들의 모습에서 여유가 느껴졌다. 이런 고급 살롱은 처음 와 보는데.

저가 항공권에 목을 매는 나 같은 배낭여행자가 쉽게 발을 들일 곳은 아니었다. 지갑이 비명을 지르는 듯하다. 적당히 대화하다가 아쉬운 척하고 돌아서 나가야겠다.

샘플 사진을 꺼내 들었지만, 여기 사람들도 파마를 이해하지 못했다. 유럽에는 파마가 없는 건가? 일하고 있던 디자이너들까지 몰려와서 열띤 토론을 벌인다.

마침 내일 파마 시술이 가능한 디자이너가 있단다. 어라, 이게 아닌데. 어버버하다가 예약이 잡혀버렸다. 가격은 3,000CZK(180,000원)정도일거라고 했다. 45,000원이면 서비스로 헤어 에센스까지 발라주던 동네 미용실보다 월등히 비싼 가격이었다. 그만한 이유가 있겠지하며 내심 기대해본다.

다음 날 아침, 예약 시간에 맞춰 고급 살롱에 방문했다. 이모뻘 돼 보이는 금발의 여자 디자이너와 체격이 우락부락한 남자 직원이 다가왔다. 디자이너가 둘이 고객 한 명을 응대하는 시스템이었다.

'역시 고급 살롱은 다르구나.'

남자는 거울을 통해 내 눈을 바라보며 말했다.

(결국 드라이기로 직접 말림)

"고객님 모발이 가늘어서 파마를 세게 해 줘야 합니다. 그렇지 않으면 파마약이 빨리 풀려 버릴지도 모릅니다."

한국에서도 자주 들었던 이야기다. 탈모 때문이겠지. 그걸 단번에 캐치해내는 그의 눈썰미에 믿음이 갔다. 과연 고급 살롱이다. 그의 제안에 'I trust you.'라고 답했다. 남자는 흡족한 미소를 지으며 어디론가 사라졌다. 이모 혼자 시술을 시작했다.

유럽의 파마 시술 과정은 한국의 것과 유사했다. 커트로 모양을 잡고, 파마약을 뿌린 뒤, 헤어롤로 머리카락을 돌돌 말아서 기다렸다가 샴푸로 머리를 감아준다.

머리를 감는 동안 영어 연습도 할 겸 이모에게 말을 걸었다. 내가 앉고 있는 의자가 안마의자인지, 요리를 잘하는지, 이 미용실은 언제부터 운영됐는지 등등.

아까 그 남자가 25년 된 이 살롱의 원장이라는 걸 알게 됐다. 그 질문을 끝으로 더 이상 말을 걸지 않았다. 왜냐하면 내 서툰 영어 때문에 이모가 식은땀을 흘리는 게 보였기 때문이다. 불쑥 원장이 나타났다.

"저희 살롱에서는 좋은 파마약을 쓰고 있습니다. 장담컨대 올해 크리스마스까지 약효가 쭉 이어질 겁니다."

앞으로 9달 동안 파마가 지속된다는 의미였다. 괜찮을까? 설렘 반, 걱정 반. 아니, 걱정으로 1g 기운다.

이모가 창고에서 파마 기계를 끌고 왔다. 전원을 켜서 기계를 조작했다. 잠시 후 돌아오겠다는 말을 남기고 사라졌다. 2분 후 돌아온 그녀는 기계의 이곳저곳을 살폈다. 기계가 작동하지 않는다. 흠...

이모는 뚫어뻥처럼 생긴 헤어드라이어로 한 땀 한 땀 두피에 열을 가했다. 두피가 타는 고통을 견뎌야 했다. 머리카락은 왜 그리 잡아당기는지... 인고의 시간을 거쳐 드디어 시술이 끝났다. 그녀가 내미는 손거울을 받아 든다.

'음~ 그럼 그렇지!'

먼 길 오느라 고생했다며 따뜻한 멸치국수를 내어주시던 할머니의 뽀글머리가 생각났다. 헛웃음이 났다.

3,100CZK(186,000원)를 결제한다는 카운터 직원의 말에 당황스러웠다. 왜 금액이 추가된거지? 100CZK는 세금이냐고 물었더니, 어제 안내한 대로 'more or less'라고 란다. 에효...

'고급'이 주는 환상에 대해 다시 생각해 보게 됐다.

10달러

체코

"Good Morning!"

느즈막한 아침, 체코 프라하 외곽의 초저가 도미토리 2층 침대에서 눈을 떴다. 막 화장실에서 나온 아저씨가 내 눈을 보며 먼저 인사해 온다. 희끗희끗한 그의 머리카락을 보고 50대 정도 되지 않았을까 추측한다. 아저씨는 뭐가 그리도 기분이 좋은지, 아침부터 생글생글 웃고 있었다. 그는 문을 열고 나갔다가, 팔팔 끓는 물이 담긴 커피포트와 함께 돌아왔다.

"너도 커피 한 잔 줄까?"

"네."

따사로운 햇살이 스며드는 통유리 창문 앞, 흰색 테이블에 마주 보고 앉았다. 그가 건넨 커피를 한 잔 마신다. 분명 어제 잠들기 전까지 못 보던 사람이 어디서 나타난 거지?

아저씨와 대화하다가 그의 이름이 '즈데니크'라는 것과, 배달 일을 하고 있다는 걸 알게 됐다. 예전에는 건설 회사 사장이었지만, 회사가

망하면서 생긴 빚을 청산하는 중이라고.

　아저씨는 커피잔을 비우고 짐을 정리하기 시작했다. 배낭이 아닌 커다란 에코백을 꺼내 컵, 칫솔, 커피포트 등을 차례로 넣었다. 문득 배달 일을 하는 아저씨의 하루는 어떤 모습일지 궁금했다. 떠나려는 그의 뒤통수에 대고 말을 걸었다.

　"오늘 같이 따라다녀도 될까요?"

　겨우 이 한 마디 꺼내기가 왜 그리도 힘들던지. 아저씨가 어떤 사람인지 아직 모르기 때문이겠지. 게다가 밖은 쌀쌀했기 때문에, 겨울을 굉장히 싫어하는 나로서는 나가기가 매우매우매우 귀찮았다.

　하지만 두 번 다시 돌아오지 않을 순간이라는 것도 너무 잘 알고 있었다. 거절을 예상했지만, 아저씨는 처음 본 외국인의 동행을 흔쾌히 승낙했다. 돌이켜보면 그의 표정에 얼떨떨함과 설렘이 공존했던 것 같다.

　호스텔 주차장에 얌전히 기다리고 있던 그의 SUV에 올라탔다. 가로로 긴 해치백 스타일의 자동차였다. 보조석에 앉아 카메라의 녹화 버튼을 눌렀다. '녹화 중'을 알리는 붉은색 LED가 점등한다.

　"나도 이제 슈퍼스타가 되는겨?"

　"No No No."

　아저씨를 슈퍼스타로 만들어줄 힘 같은 건 내게 없었으므로, 그가 실망하지 않으면 했다. 그래서 아니라고 답해야만 했다. 빈말이라도 능청스럽게 '예쓰, 유 캔!'이라고 답해야 했나 싶기도 하고.

운전한 지 30분도 채 되지 않아 배달 요청 알림이 울렸다. 아저씨는 평소보다 주문이 일찍 들어왔다며, 시작이 좋다고 했다.

체코의 배달 시스템은 한국과 크게 다르지 않았다. 배달 기사가 주문을 접수하고, 식당에 가서 음식을 픽업한다. 고객에게 무사히 음식을 전달하면 수수료를 받는다. 한국 밖 세상의 특별함을 기대한 탓일까. 배달 2건을 마치고 단조로운 패턴에 지루함이 몰려온다.

아저씨는 코로나 팬데믹 이후로 쭉 이 일을 하는 중이라고 했다. 햇수로 약 1년 되었다고. 오늘 처음 만난 사이지만, 그는 구김살이 없는 사람이었다. 당신의 영어가 미숙해 미안하다는 아저씨의 배려 덕분에, 서툰 나의 영어 실력을 자신 있게 드러낼 수 있었다.

즈데니크 아저씨는 이런저런 이야기를 했다. 이혼 후에도 종종 만나는 아들과 딸의 이야기, 사업할 때 사용하던 흔적만 남은 PDA 거치대, 그가 좋아하는 가수 '록세트'.

"한 시대를 주름잡던 록세트를 모른다는겨???"

아저씨는 카세트테이프를 하나 집어 플레이어에 넣었다. 곧 스피커에서 그가 좋아하는 밴드의 노래가 울려 퍼졌다. 아저씨는 리드미컬한 사운드에 맞춰 콧노래를 흥얼거렸다.

"하루에 얼마 정도 버세요?"

아저씨와 시간이 어느 정도 무르익었다고 생각했다. 예민할 수도 있지만, 궁금했던 걸 물어봤다. 다행히 그는 크게 개의치 않는 듯했다.

배달 1건당 보통 약 2.2유로(3,000원)의 수익을 얻을 수 있으며, 거리나 날씨에 따라 배달 수수료가 달라진다고 했다. 매일 35~40건의 배달을 완료해야 하는데, 그러다 보면 평균 15시간 정도 일을 하게 된다고 했다. 그렇게 버는 일당은 13만 원 정도. 대부분을 빚 청산에 쓴단다. 정신적으로 높은 업무 강도에 비해 임금이 낮은 것 같다.

배달 중개업체로부터 주유비, 식비 등의 지원은 일절 없다고 했다. 오로지 배달 수수료에서 해결해야 한다고. 다른 사람들이 잘 모르는 꿀팁도 알려줬다. 배달 앱에서 최대 2건을 동시에 받을 수 있는데, 그때 돈을 2배로 벌 수 있다고 했다.

아저씨는 고속도로 한복판에 위치한 대형 마트로 차를 돌렸다. 자주 오는 곳인 듯하다. 유통기한이 임박한 상품을 모아놓은 바구니를 한 번에 찾아갔다. 싸고 먹을 만한 빵을 뒤적이는 아저씨의 모습에 마음이 쓰였다.

그는 선물이라며 코코넛 맛 초콜릿 3개를 사줬다. 가격표에 적힌 금액을 보니, 오늘 첫 배달 수수료 2.2유로였다. 차로 돌아와 방금 산 빵과 초콜릿으로 끼니를 때웠다. 식사라고 하기에는 너무 부족했다.

아저씨는 항상 배달 요청을 받을 수 있도록 대기해야 하므로, 마음 편히 식사를 할 수 없었다. 그런데 유독 오늘은 점심시간임에도 휴대폰이 잠잠한 게 의아하다고 했다.

"한국에 돌아가면 뭐 할겨?"

"글쎄요... 아무 계획이 없어요."

20대의 마지막을 한국에서 보내고 싶지 않다는 결심 하나로 떠난 세계여행이다.

한국을 떠나면서 여행에 집중하고 싶었기에, 여행 이후의 삶에 대해서 생각하고 싶지 않았다. '살다 보면 어떻게든 되겠지'하는 막연함 뿐이었다. 어차피 할 줄 아는 것도 없는데.

운전하는 아저씨의 모습에서 특이한 습관이 눈에 들어왔다. 그는 자주 사이드 브레이크에 놓인 휴대폰으로 고개를 떨궜다. 네비게이션으로 현재 위치를 확인하는 동시에, 불시에 들이닥칠 배달 요청을 빠르게 받기 위한 자세였다. 지금까지 이런 모양새로 일해왔을 아저씨의 모습을 생각하니, 끔찍한 사고 장면들이 여럿 스쳐 지나갔다.

"휴대폰 거치대 하나 장만하시는 게 어때요?"

"어휴... 너무 비싸."

한국에서 고작 5,000원이면 쓸만한 휴대폰 거치대를 구할 수 있다. 하지만 아저씨에게 '고작'이라는 표현이 과분할 정도로 5,000원은 부담스러운 돈이었다. 그게 이토록 무거운 금액이었던가.

◆

프라하로 돌아왔을 때, 아저씨에게 친구와 약속이 있어 내려달라고 했다. 그는 조금 아쉬워하면서도, 좋은 시간 보내라고 말해주며 쓸쓸히 떠났다.

트램을 타고 시내의 대형 쇼핑몰 안에 있는 전자제품 매장에 들렀다. 벽에 걸린 수많은 차량용 거치대를 하나씩 살펴봤다. 무슨 거치대 종류가 이렇게 많은지. 이것저것 직접 휴대폰을 고정해 보고, 가장 튼튼하면서 사용하기 편한 녀석으로 골랐다. 직원에게 직접 상자를 열어 불량품인지 확인 요청까지 했다.

밤 10시에 아저씨를 다시 만났다. 늦은 밤이라 배달 어플이 조용했다. 아저씨는 잠깐 갓길에 차를 세웠다. 그때 준비해 둔 선물을 슬쩍 꺼내 아저씨에게 내밀었다.

"이게 뭐여?"

"아저씨 선물이에요."

그는 잠시 말을 잃었다.

"너도 돈이 없다면서 이 비싼 걸 어떻게 산겨?"

"걱정 마세요. 안 훔쳤어요."

아저씨는 포장도 되지 않은 투박한 상자를 얼떨떨하게 바라보기만 했다. 휴대폰 거치대를 운전석 에어컨 필터에 설치하고, 아저씨의 휴대폰을 고정했다. 충전 케이블을 꽂아도 휴대폰을 사용하는 데 불편함이 없었다. 정확히 의도한 그림대로 되었다. 아저씨는 앞만 보고 달릴 수 있게 됐다.

"고마워…"

아저씨는 갑자기 더운 것 같다며 차 문을 열었다.

마지막 배달을 마치고 아저씨가 숙소까지 데려다주었다. 아저씨에게 같이 방에 들어가지 않냐고 묻자, 원래 차에서 잔다고 했다. 특별히 돈을 많이 버는 운 좋은 날에 가끔 숙소에서 묵는다고. 오늘 아침이 아저씨의 특별한 어제였던 거다. 말하는 내내 아저씨의 입에서 새하얀 입김이 피어올랐다.

다음 날 아침, 브루노로 이동하기 위해 버스 정류장에서 버스를 기다리고 있었다. 여전히 쌀쌀했다. 간밤에 아저씨가 잠은 잘 잤을까? 그때 아저씨에게서 연락이 왔다. 10분 후 그가 터미널로 찾아왔다.

"너에게 줄 선물이 있어."

아저씨는 주머니에서 어제 내게 사준 코코넛 맛 초콜릿을 하나 꺼냈다. 그리고 점퍼 안쪽 주머니에 손을 넣어 얇은 지갑을 꺼내, 10달러짜리 지폐 한 장을 꺼냈다.

"이건 우크라이나 손님이 팁으로 준거여."

나는 뒤로 물러서며 받지 않으려고 했지만, 아저씨는 손가락을 까딱거리며 가까이 오라고 손짓했다.

"그냥 부적이라고 생각하고 받어. 이게 너에게 행운을 가져다 줄 거여."

"하지만 이건 큰돈이잖아요."

"들어봐. 이건 돈이 아니여. 선물이여. 어차피 난 달러를 쓸데가 없어. 여긴 유럽이잖어! 여행하는 동안 행운을 가져다 줄거여."

10달러는 방금 은행에서 갓 인출된, 어쩌면 그가 창구 직원에게 빳빳한 새 지폐를 요청했을 것 같았다. 아저씨는 절대 사실을 얘기해주지 않을 거고, 나는 죽을 때까지 알 수 없을 거다.

"남은 여행 잘 혀. 건강하구."

아저씨는 사람들 속으로 유유히 사라졌다.

만약 내가 그 도미토리에 머물지 않았더라면, 만약 어제 아침 즈데니크 아저씨가 먼저 인사를 해오지 않았더라면, 만약 내가 아저씨에게 하루만 따라다녀도 되냐고 물어보지 않았더라면 어제와 오늘은 절대 있을 수 없는 순간들이었겠지.

즈데니크 아저씨를 통해 돈의 의미를 비롯한 많은 것들을 생각해보게 됐다.

사람은 추억으로 살아간다

　26살이었다. 대학교 자퇴 전, 휴학생 신분으로 햄버거 가게에서 알바를 하고 있었다. 정신없이 점심 피크타임을 소화하고 맞이한 오후의 여유를 만끽하는 중이었다. 카운터를 보고 있던 친구와 나란히 서서 창밖을 바라보고 있었다.
　서로 안 지 얼마 되지 않았기 때문에, 어색한 기류가 흐르는 건 어쩔 수 없었다. 이것저것 말을 걸어 분위기를 바꿔보려고 했다. 손님이 뜸한 덕분에 우리는 많은 대화를 할 수 있었다.
　세계여행을 경험해 본 그녀의 담백한 여행 이야기는 매우 흥미로웠다. 여행자들을 '굳이 돈을 낭비하면서까지 고생하러 다니는 사람들'이라고 생각해 왔지만, 경험담을 직접 듣는 건 처음이라 신선했다. 그녀는 천장을 바라보며 말했다.
　"몽골 밤하늘의 별빛들이 정말 아름다웠어."
　그녀의 시선을 따라간 곳에는 회색 시멘트로 꽉 막힌 천장뿐이었다. 도대체 뭘 보고 있는 건지. 고개를 돌려 그녀의 얼굴을 바라봤을 때, 그녀의 눈동자 속에서 무수히 빛나고 있을 몽골 밤하늘의 별빛들이 엿보이는 듯했다.

"사람은 추억으로 살아가는 거 같아."

그녀의 독백은 형용할 수 없는 어떤 울림으로 다가왔다. 언젠가 나에게도 그런 추억을 회상할 수 있는 날이 올까.

남자는 이른 아침부터 엎드린 채 신께 기도를 올렸다.
지나가던 사람들은 기꺼이 그의 신이 되어주었다.

모르스키에 오코

폴란드

"폴란드 갈 생각 없는데?"

폴란드의 자코파네만큼은 꼭 가봐야 한다는 희성이에게 무심코 던진 말이었다. 그는 아쉬워하면서도 **모르스키에 오코**[*]라는 호수만큼은 기회가 되면 꼭 가보라고 했다. 그때만 해도 폴란드에 눈곱만큼도 관심이 없었다.

여행 중반부에 접어드니 통장 잔고가 생각했던 것보다 많이 줄어든 걸 보고, 부리나케 체코에서 가까우면서 물가가 저렴한 나라를 찾아다녔다. 그게 폴란드였다.

폴란드 사람들에게 자코파네는 특별한 의미를 지닌 지역인 듯하다. 아름다운 경치를 뽐내는 호수로, 사람들의 걱정과 불안을 쓰다듬어 주기 때문에 붙여진 이름이 아닐까.

3월의 폴란드는 보슬보슬 눈이 내렸다. 유럽의 겨울이 지긋지긋하게 느껴진다. 지구온난화 탓인지, 원래 이런 날씨인지 모르겠지만 낮인데도 온 세상이 회색 구름으로 뒤덮여 괜시리 기분이 칙칙해졌다.

---

* 'Eye of the sea(바다의 눈)'라는 폴란드어.

마을버스를 타고 1시간 동안 산을 올라, 모르스키에 오코 매표소 앞에 도착했다. 주위의 모든 나무가 새하얀 밀가루를 뒤집어쓴 것 같았다. 눈이 많이 와서 안전상의 이유로 입산이 금지될 법도 한데, 매표소 직원은 아무런 충고도 없이 설산 입장을 승인해줬다.

오솔길 위로 새겨진 사람들의 발자국을 따라갔다. 걷다 보니 눈이 그쳤고, 바람이 약하게 불어 얇은 점퍼를 입었음에도 춥지 않았다. 양 옆으로 높이 솟은 침엽수림의 살랑이는 모습은 '어서 와!' 하고 동방의 외국인을 반겨주는 것 같았다.

어깨 너머로 들리는 '다가닥 다가닥'거리는 소리에, 고개를 뒤로 돌렸다. 말 3마리가 마차를 끌고 오는 중이었다. 그 안에는 관광객 6명이 마주 보고 앉았다. 그들을 향해 'Hi~' 하고 손을 흔들었더니 그들도 웃으며 'Hi~'하고 답해줬다. 멀어져 가는 그들을 보며, 동물원 원숭이가 된 것 같은 묘한 기분이 들었다.

하산하는 사람들과도 마주칠 때마다, 게임 속 NPC가 된 것처럼 **진도브리~**** 하고 인사를 건넸다. 모두가 웃으며 인사를 받아줬다.

한참을 올라도 등산이 끝나질 않는다. 잠시 쉬려고 갓길에 놓인 벤치 앞으로 걸어갔다. 수북이 쌓인 눈덩이에 가려져, 사람들의 관심 밖에 난 모습이 처량해 보였다.

** '안녕하세요'라는 폴란드 인사말.

눈덩이를 치우지도 않고 벤치 위로 풀썩 앉았다. 그냥 그러고 싶었다. 체온 때문에 녹은 눈의 한기가 젖은 바지를 타고 엉덩이 살갗을 찔러댔다. 아랑곳하지 않고 초코바를 먹으며 설산을 만끽했다.

등산 스틱을 짚으며 산을 오르던 두 남자가 벤치로 다가왔다.

"진-도브리!"

"진도브리."

그들은 화답하면서도, 길바닥에 놓인 야생 뱀에게 접근하듯 조심스럽게 다가왔다. 벤치에 앉지는 않았다.

"아버지와 아들이 등산하는 모습이 보기 좋네요!"

"아니, 우린 친구야."

"아... 죄송합니다."

"그 소리만 벌써 2번째야. 사람들이 우리를 부자로 보더라고."

미안한 마음에 가방에서 꺼낸 초코바 1개를 건네줬다. 그들은 고맙다며 쿠키 3봉지를 줬다. 이내 '좀 이따 보자'라며 두 사람은 길을 떠났고, 나는 벤치에 남아서 쿠키 3봉지를 먹었다. 맛있었다.

드디어 통나무 산장이 모습을 드러냈다. 나무 계단을 올라 망원경 앞에 섰지만, 이미 온 세상이 새하얀 눈으로 칠해져 있었다. 호수는 코빼기도 보이지 않는다. 설마 길을 잘못 든 건 아니겠지?

"실례합니다. 여기가 모르스키에 오코 맞나요?"

옆에 서 있던 여성에게 물었다. 그녀는 그렇다고 대답했다. 그저 눈 때문에 호수가 얼어버린 거라고. 허탈했다.

등산하느라 소비한 열량을 보충하려 산장 식당에 들렀다. 실내를 가득 채운 따뜻한 공기에 얼어붙은 몸이 사르르 녹았다. '양배추 수프'라는걸 먹었는데, 고기가 없는 게 아쉬웠다. 그래도 포근한 맛이 일품이었다.

커피 자판기에는 사납게 입을 벌린 야생 곰의 얼굴이 담겨 있었다. 카메라부터 들이대는 작가에 대한 분노가 고스란히 전해져 왔다. 정적인 이미지에서 역동적인 감정이 느껴진다. 그 자판기 위로 모르스키에 오코의 지도가 담긴 액자가 벽에 걸려 있었다.

폴란드어로 적혀 있어 무슨 내용인지 알 수가 없었다. 아까 망원경 앞에서 말을 걸었던 여자가 내 옆에 섰다. 그녀는 오른손을 들어 지도의 한 부분을 가리키며 말했다.

"오르막길을 타고 가면 차르니 스타프 포드 라사미(검은 호수)가 있어. 하지만 지금 가기엔 너무 위험해. 눈길을 오르려면 반드시 아이젠을 신어야 하거든."

그녀는 산장 문을 열고 나가, 저 멀리 등산 스틱을 짚고 묵묵히 앞으로 나아가는 파란색 패딩 입은 사람을 가리키며 말했다.

"저 사람을 따라가면 될 거야."

위험하다면서 굳이 가는 방법을 알려주는 그녀의 의도가 무엇일까. 하지만 방법을 알았다면 가지 않을 이유가 없었다. 할 수 있다면 오늘 꼭 찰랑거리는 호수를 보고 싶었다. 가볍게 심호흡을 하고, 산장 문을 나섰다.

"헥, 헥, 헥…"

등산을 재개한 지 5분도 안 되어 숨이 가빠왔다. 가볍게 무릎까지 삼켜버리는 적설량에 곤혹을 치렀다. 오른발을 빼내려고 하면 왼발도 어김없이 빠졌다. 빼고, 걷고, 빠지고. 빼고, 걷고, 빠지고를 반복하니 체력이 남아날 리 없었다. 그사이 조용히 내리기 시작한 눈꽃이 지나온 발자국을 지워나갔다.

차르니 스타프 포드 라사미는 강도 높은 등산을 해야 했다. 서서히 주변에 사람이 없어지는 걸 보고 쎄한 느낌이 잠깐 들었다. 이때 포기해도 됐을 텐데. 하지만 어정쩡한 위치에서 그만두고 싶지 않았다. 난데없이 발동한 청개구리 기질이 고집을 피웠다.

파란색 패딩을 입은 사람의 정체는 중년 남성이었다. '진도브리'하고 인사를 주고받을 수 있을 정도로 그를 따라잡았다. 아저씨는 '얘는 뭐지?' 하는 애매한 눈빛과 웃음으로 화답했다. 그는 등산 스틱과 배낭, 아이젠으로 완전 무장해 있었다. 어쩐지 너무 잘 나가더라. 아이젠만큼은 뺏고 싶을 정도로 탐났다.

경사를 넘고 넘고 또 넘자 평지가 나왔다. 누구의 무덤인지 모를 검은색 큰 십자가가 우두커니 서 있었다. 그 너머에 그녀가 말한 호수가 있었다.

아니, 있어야 할 터였다. 이곳도 이미 눈으로 뒤덮여 있었다. 그러나 아저씨는 멈추지 않고 계속 걸었다. 그의 뒤를 더 따라가 보려 했지만, 이번엔 허벅지까지 빠지는 눈높이에 포기해야 했다.
'이 정도면 됐다.'
가방에서 미리 준비해 온 캔맥주를 꺼냈다. 설산을 배경으로 마시는 맥주에서 아무런 맛이 나지 않았다. 왜지? 그만큼 힘들었던 걸까.
불어오는 찬바람에 이빨이 달달 떨릴 만큼 체온이 떨어졌다. 이미 옷과 신발이 다 젖었기 때문에, 자칫 잘못하면 저체온증에 걸릴지도 몰랐다.
1초라도 빨리 숙소로 돌아가서 따뜻한 물에 샤워하고, 가방에 숨겨놓은 마지막 라면 한 봉지를 끓여 먹은 뒤, 포근한 이불에 파묻히고 싶은 생각이 절실했다. 새끼발가락에 아무런 느낌이 없다. 이건 좀 무서운데. 서둘러야 한다.
무사히 산장으로 돌아와 고기 없는 양배추 수프를 한 번 더 먹었다. 얼어붙은 몸을 녹이기에 충분했다. 눈을 감은 모르스키에 오코를 본 경험이 좋은 건지, 나쁜 건지 모르겠다.

신밧드의 (32시간) 모험

폴란드

◆ **0시간** ◆

바르샤바 종합 버스터미널에 왔다. 프랑스로 떠나기 위해. 전광판에 찍힌 시간은 오후 3시 30분. 버스 출발까지 10분도 채 남지 않은 상황이었지만, 친절히 길을 알려준 사람들 덕분에 금방 버스를 발견할 수 있었다. 2층짜리 버스 앞 범퍼에 'SINDBAD'라는 글자가 적혀 있다. 내가 아는 그 신밧드인가?

유럽에서 2층 버스를 타보고 싶었다. 유럽이라면 뭔가 특별한 게 있을 거라 생각했다. 폴란드에서 프랑스로 이동하는 버스는 하루에 고작 1대뿐이라 달리 선택지가 없었다. 그저 운으로 2층짜리 버스가 배정된 것이다. 잠깐만, 이건 나라 밖으로 가니까 국외 버스라고 해야 되나?

트렁크 앞을 지키고 있는 직원에게 배낭을 실어달라고 했더니, 좌석 번호를 받아오란다. 그가 손가락으로 가리킨 곳에는 우왕좌왕 뒤섞인 사람들이 있었다. 그들의 시선은 버스 앞문에서 티켓을 확인하고 있는 흰색 와이셔츠를 입은 직원에게 향해 있었다.

구름 떼처럼 몰린 승객들은 서로 먼저 탑승하려고 티켓 든 손을 높이 뻗어댔다. 새치기도 만연했다. 직원들은 각자 위치에 말뚝을 박은 듯 가만히 서서 보고만 있을 뿐, 누구도 나서서 교통 정리하는 사람은 없었다. 선진국 유럽의 모든 시스템은 당연히 체계화돼 있을 거라 생각했던 내 선입견은 보기 좋게 박살 났다.

탑승권을 검사하는 직원은 랜덤뽑기하듯 적당히 보이는 대로 티켓을 하나씩 집어 들었다. 수많은 인파에 전혀 당황하지 않고 자연스럽게 업무를 처리해 나가는 모습이 인상적이었다. 이래서 경력직, 경력직 하는구나.

누가 유쾌한 마음으로 새치기를 당하고 싶을까? 적어도 나는 그렇게 아량이 넓은 사람이 아니다. 한 명, 두 명, 세 명... 막무가내로 몸을 밀어 넣는 사람들 때문에 끝없이 뒤로 밀려났다.

처음 겪어보는 상황에 이러지도 저러지도 못하고 있을 때, 또래의 한 서양 남자가 내 가슴에 불을 지폈다. 그는 어디선가 흘러들어와서 내 앞에 서더니, 고개를 돌려 당돌한 표정으로 내 눈을 쳐다봤다. 그러고는 직원에게 선택받아 바로 버스에 올랐다. 미안하다는 어떤 제스처도 없던 그의 뻔뻔함에 기가 찼다.

'어쭈, 해보자는 거지?'

온몸 구석구석 아드레날린이 솟구치는 기분이 들었다. 뭐든 부숴 버릴 것만 같은 내면의 어떤 파괴적인 본능이 깨어난다. 여전히 갈피를 못 잡는 사람들 사이로 난 작은 틈에, 그들이 내게 했던 것처럼 몸을 끼워 넣었다.

사람들이 '얜 뭐야?' 하는 표정으로 째려봤지만 애써 무시했다. 지금 나는 눈에 뵈는 게 없다. 직원 앞에 서서 티켓을 내밀었다. 서양인 사이에서 동양인은 눈에 띄었던 것일까? 그는 내 티켓을 받아 'Seat.No 31'이라고 적힌 스티커를 휴대폰 케이스 뒷면에 붙여줬다.

계단을 타고 2층에 오르자마자 보이는 오른쪽 통로 좌석에 적힌 숫자 31을 확인하고 짐을 풀었다. 창가석에는 파란색 원피스를 입은 풍채 좋으신 금발의 아주머니가 앉아 있었다. 그녀 종아리 높이의 벽면에 설치된 220v 전기 콘센트를 보고 탄식이 나왔다.

'아, 배터리 충전해야 되는데...'

아까 그 남자가 새치기하지 않았더라면 내 자리가 될지도 모를 일이었다. 젠장...

폴란드 바르샤바에서 프랑스 니스까지 1,954Km를 이동해야 했다. 약 30시간 걸리는 거리였다. 서울에서 부산까지 차로 2.5회 정도 왕복할 수 있는 거리라는 걸 생각하면, 가벼운 마음으로 도전할 거리는 아니었다. 그럼에도 유럽이라는 하나의 그룹으로 묶여 서로 자유롭게 드나들 수 있는 개방성이 부러웠다.

장시간 동안 버스에 갇혀야만 하는 불편한 여행이 될 걸 알고 있다. 그런데 왜 설레지? 이제야 여행다운 여행을 하는 것 같다.

◆ 1.5시간 ◆

노을이 예쁜 골든 타임 오후 5시, 프랑스까지 쉬지 않고 달릴 줄 알았던 버스는 휴게소(우리나라와 다르게 주유소와 화장실만 설치돼 있다)마다 정차했다. 가끔 나타나는 매점에는 빵, 과자 따위만 팔고 있으니, 식사다운 식사를 기대할 수 없었다.

게다가 화장실은 제대로 관리되지 않았기 때문에, 시각과 후각의 고통을 감내해야 했다. 그나마 유럽에서 공짜로 화장실을 이용할 수 있다는 것에 감사해야 했다. 우리나라 고속도로 휴게소가 얼마나 인류애 넘치는 시스템인지 새삼 깨닫는다. 아이 러브 코리아.

경로상 폴란드에서 머무는 마지막 휴게소였다. 매점에서 남은 폴란드 화폐를 전부 털어야 했다. 지폐와 동전을 합쳐 총 53즈워티가 남았다.

뭘 살지 한참 고민하다가 계산대 옆에 걸려있던 검은색 선글라스를 발견했다. 인도를 여행할 때부터 갖고 싶던 아이템 중 하나였다. 선글라스와 과자 2봉지, 생수 1병을 골라 계산대 앞에 섰다.

금액이 53즈워티를 초과했기 때문에, 카운터 직원에게 현금과 카드를 내밀어 두 가지를 섞어 결제해달라고 요청했다. 한국에서 하던 방식이 여기서도 통할까 싶었지만, 다행히 잘 처리됐다.

매장을 나오니 익어가는 샛노란 노을빛이 눈을 찔러댔다. 가격 태그도 떼지 않은 새 선글라스를 꺼내 썼다. 아주 만족스럽다.

◆ 8시간 ◆

여기저기서 코 고는 소리가 들려온다. 시간은 밤 11시 30분을 지나는 중이다. 버스는 전조등 하나에 의지해 어둠을 가르고 나아간다. 창가 자리 전기 콘센트에 충전기를 꽂고, 실컷 노트북을 사용한다. 옆자리 아주머니가 자리를 바꿔준 덕분에 가능한 일이었다.

폴란드 마지막 휴게소를 떠나기 전, 카메라로 영상을 촬영하고 있었다. 내 모습을 본 아주머니가 더 좋은 풍경을 찍으라며 당신의 자리를 선뜻 양보해 주었다. 창밖 풍경도 보고, 전기도 마음껏 사용할 수 있었다. 감사한 마음에 충전기로 그녀의 휴대폰을 완충시켜 줬다. 아주머니는 감동했다.

낮 동안 자다 깨다를 반복한 탓에, 밤이 되었음에도 잠이 오지 않았다. 이런 상황을 대비해 미리 노트북에 설치해 온 게임을 실행했다. 덜컹거리는 차 안에서 집중하는 건 꽤 어려운 일이었다.

30분 정도 게임하다가 머리, 눈, 목, 허리 등 통증이 안 느껴지는 곳이 없었다. 거기에 차멀미까지 찾아와 노트북을 덮어야 했다. 물고기 마냥 멍하니 눈을 뻐끔거려 대는 게 최선이었다. 앞좌석 대형 모니터에서 재생 중인 영화가 눈에 들어왔다.

초등학교 수업 시간에 선생님이 보여준 영화 〈투모로우〉였다. 좌석마다 설치된 스피커에서 영화의 효과음과 굵직한 남성의 목소리가 흘러나오고 있었다.

배우들이 'Hello'가 아닌 '진도브리!'라고 인사하는 걸 듣고, 폴란드어로 더빙되고 있음을 알아챘다. 어린아이와 여자 배우의 목소리조차 굵은 남자 목소리로 대체되고 있는 게 웃음 포인트였다. 다행히 효과음은 변조없이 송출되고 있다.

◈ 17시간 ◈

　휴대폰에서 지도를 보다가 시계에 눈이 갔다. 아침 8시 30분. 잠을 제대로 못 잤는데 정신이 말짱하다. 옆자리 아주머니가 먼저 내밀어 준 과자를 계기로 대화가 시작됐다. 그녀는 우크라이나 사람이었다. 손주를 만나기 위해 프랑스 깐느로 가는 중이란다.
　"몇 살이니?"
　"스물아홉 살이에요."
　그녀에게 아들 두 명이 있었는데, 우크라이나-러시아 전쟁 때문에 치과의사였던 첫째 아들을 잃었다고 했다. 그녀의 표정에서 마른 슬픔이 묻어나오는 듯했다.
　아주머니가 내민 휴대폰 속에는 온몸에 붕대를 감은 채 병상에 누워 있는 남자가 있었다. 신체 곳곳에 검붉은색으로 물든 하얀 붕대가 눈에 띄었다. 그가 살아있었다면 나와 비슷한 나이였을 거라고. 무슨 말을 해야 할지 몰라, 아주머니의 말을 가만히 듣고만 있었다.
　아주머니에게 빵을 권했지만, 괜찮다며 사양했다.
　"과자를 참 좋아하는구나. 밥은 안 먹니?"
　"네. 과자를 좋아해서요."

(창가 자리 양보해주신 게 너무 감사했다)

"우리 둘째랑 똑같은 얘기를 하네. 왜 너희들은 몸에 나쁜 것들만 좋아하는지 모르겠구나."

오랜만에 듣는 엄마의 반가운 잔소리다. 물론 밥을 정말 먹고 싶다. 특히 얼큰한 돼지국밥이 먹고 싶었지만, 유럽에서 그런 음식은 찾아볼 수 없었다. 아삭한 김장김치까지 곁들이면 정말 맛있겠지... 생각만 해도 침 고인다. 쯥.

◈ 22시간 ◈

운전석 위의 디지털시계의 시간이 오후 1시 30분을 지나고 있을 때, 이탈리아 어느 도시에 잠깐 정차했다. 많은 사람들이 여기서 하차했다. 빈자리가 생겨서 공간을 마음껏 활용할 수 있었다. 아주머니가 또 한 번 나를 배려해 먼저 뒤 칸으로 이동했다. 안 그러셔도 되는데...

몸을 이리저리 뒹굴거리며 편한 자세를 연구해본다. 등과 머리를 의자 바닥에 눕고, 무릎을 반쯤 접어 창문에 얹었다. 옆에서 보면 양

반 다리를 하고 앉아 수련하는 수도승처럼 보일 것 같다. 이제야 눈이 좀 감긴다. 더 편해지고 싶다. 푹신한 침대가 눈앞에 아른거린다.

◈ 32시간 ◈

드디어 프랑스 니스에 도착했다. 버스 정류장의 시계가 밤 11시 30분을 가리킨다. 깐느까지 간다는 우크라이나 아주머니와 작별 인사를 하고 '니스 빌레 기차역'에서 내렸다.

30시간 걸릴 거라던 버스는 어떠한 안내도 없이 2시간이나 지연됐다. 적당히 저녁 9시쯤 프랑스에 도착해 숙소를 정할 생각이었지만, 예상치 못한 지연 때문에, 숙소를 구하는 데 어려움을 겪어야 했다.

헝가리에서 산 1달짜리 USIM이 어제 버스 안에서 만료된 상태였다. 인터넷을 찾아야 한다. 굳게 닫힌 니스 빌레 기차역 문에 찰싹 달라붙었다. 잡았다! 공공 WiFi. 운이 좋다. 하지만 숙소 호스트들이 메세지를 확인하지 않는다. 15분 정도 기다리다가, 어쩔 수 없이 택시를 타고 니스 코트다쥐르 공항으로 향했다.

밤이라 그런가 공항에 사람이 거의 없어서 노숙하기 좋은 환경이었다. 구석에 매트리스를 깔고 침낭을 펼쳤다. 몸은 피곤하다고 아우성을 치는데, 정신은 이상하리만치 말짱하다. 잠이 안 온다.

10분 정도 지났을까. 중년 남성이 나를 부르는 것 같다. 수면 안대를 벗자, 위에서 내려다보고 있는 경비원 복장을 한 남자와 눈이 마주쳤다.

"내일 출국하는 비행기 티켓 좀 보여주시겠습니까?"
"5일 뒤에 출국하는 비행기 티켓은 있어요."

그는 당장 내일 출국하는 티켓이 없으면 공항에 머무를 수 없다고 했다. 아하. 그렇구나.

뭐 어쩌겠는가. 이런 상황은 이제 익숙하다. '더 이상 사소한 변수에 스트레스 받는 내가 아니다!'라고 말하고 싶지만, 나를 거부하는 상황들은 여전히 씁쓸하다.

주섬주섬 침낭을 접어 공항 밖 테이블에 앉았다. 4월인데도 니스의 밤은 쌀쌀했다. 첫 트램이 출발하려면 아직 3시간이나 남았다. 2시간을 버티다 너무 추워서 몰래 공항 안으로 기어들어 갔다. 벤치 위에 침낭을 깔고, 아침 해가 떠오를 때까지 숙면을 취했다.

#I Love NICE

프랑스

프랑스는 파리, 에펠탑 밖에 몰랐던 니스를 가게 된 건 명곤이 형 때문이었다. 그곳에서 한인 민박을 운영했다던 그는, 니스의 아름다움에 대해 입에 침이 마르도록 이야기하곤 했다. 코로나 때문에 사업을 접고 한국으로 돌아올 수밖에 없었다던 그와의 만남은, 우연을 가장한 필연이었다고 생각한다.

그의 회사는 아무것도 없던 원룸 오피스텔에서 시작됐다. 나는 카메라로 뭔가 찍을 수 있다는 것 자체가 너무 좋았다. 형은 페이를 많이 못 줘서 미안하다고 했지만, 그런 건 나에게 전혀 중요하지 않았다.

시간이 흐르면서 둘만 있던 사무실이 새롭게 합류한 사람들로 복작였다. 나는 꾸준히 영상 공부를 한 덕분에, 회사에서 대체 불가한 나만의 포지션을 가질 정도로 성장했다. 순식간에 3년이 흘렀다.

바쁘게 흘러가는 일상 속에서도 왕왕 형과 사무실에 단둘이 남게 됐을 때 이런저런 이야기를 나눴다. 꽤 시간이 지났지만 형은 여전히 니스를 그리워하고 있었다.

'도대체 니스가 얼마나 좋은 곳이길래 아직도 못 잊는 거지?'

의심과 호기심을 가득 품고, 언젠가 니스에 직접 가봐야겠다고 다짐했다. 진짜 가게 될 줄은 몰랐지만.

◆

숙소에 짐을 던져넣고 거리로 나왔다. 따사로운 햇살이 30(+2)시간 동안 버스에서 쌓인 피로를 상큼하게 정화시켜주는 것 같았다. 자전거를 타고 순찰하는 경찰들의 모습이 니스의 평화를 대변한다.

마세나 광장의 랜드마크인 '태양의 분수'를 지나, 빽빽한 건물 사이로 난 좁은 골목길을 따라 나오니 탁 트인 바다가 드러났다. 하늘은 한없이 높았고, 바다는 끝없이 펼쳐져 있었다. 내가 알고 있던 바다는 여지껏 파란색이었는데, 니스의 바다는 에메랄드, 민트, 코발트 등 오묘한 색들이 절묘하게 섞여 고유한 아름다움을 뽐내고 있었다. 어렸을 때 학교 앞 구멍가게에서 즐겨 사 먹었던 파란색, 민트색으로 섞인 '페인트 사탕'을 연상케 했다.(저렴한 표현력이 개탄스럽다.)

해변가에 있는 사람들은 저마다의 방식으로 니스를 즐기고 있었다. 파라솔 그늘 아래에서 풍선 같은 배를 부풀리며 낮잠을 자는 백발의 할아버지, 선베드에 누워 천천히 한 페이지씩 책을 넘기고 있는 젊은 여성, 자갈 위를 신나게 뛰어다니는 아이들.

그중에서도 짧은 머리의 두 남자에게 시선이 꽂혔다. 각개전투 훈련을 막 마친 훈련병 같기도 했다. 탈영병은 아니겠지? 그들은 바다에 돌을 던지고 있었다.

내가 보기에 두 사람은 형제같이 보였지만, 형제가 아니라고 했다. 믿기 어려울 정도로 똑 닮았는데. 비슷한 헤어 스타일에 안경을 쓰고 후드티까지 입었으면서 말이다. 굳이 다른 점을 꼽자면, 후드티 색이 검은색과 머스타드색이라는 것 정도였다.

그들의 돌멩이가 맥없이 바닷속으로 처박히는 걸 보고 피식 웃음이 났다. 형제에게 '물수제비 잘하는 법'을 알려줬다. 내가 던진 돌은 물 위를 4번 튀어 날아갔다.

"오!"

두 사람은 물개박수를 치며 감탄했다. 자신감이 붙어 '올바른 돌 고르는 법', '손목 스냅을 제대로 사용하는 방법'을 알려줬다. 하지만 효과는 미미했다.

형제는 중국에서 왔다고 했다. 헝가리 2주 살기를 하면서 중국인 노부부 호스트에게 배운 중국어를 전부 쏟아냈다.

"니하오, 부커치, 짜오 쌍 하오."

검은색 후드티를 입은 친구가 '안녕하세요?' 하고 대답했다.

"뭐야, 너 한국어 잘하네?!"

"한국어로 작별 인사는 어떻게 해?"

영어로 인사할 때 'Hi', 'Bye'라고 확실히 구분되지만, 한국어는 '안녕' 하나로 두 의미를 나타내기도 한다. 이 미묘한 차이를 자세히 알려줄까 싶었지만, 제대로 설명할 자신이 없어 그만두었다.

"둘 다 '안녕'이라고 하면 돼. 안녕~"

"안녕~"

오늘 밤, 이탈리아 베네치아로 떠난다는 그들을 뒤로하고 내 길을 갔다.

높은 언덕에서 내려다보는 니스의 바다는 어떤 모습일까. 언덕 계단 앞 'Castle Hill'이라고 적힌 초록색 표지판을 따라간 계단 끝에는 드넓은 전망대가 있었다.

난간에 서서 바라본 니스의 바다는 감히 언어로 규격화할 수 없을 정도로 아름다운 풍경이었다. 푸른 바다의 광활함, 샛노란 모래사장 위의 따사로움, 정열적인 건물들의 붉은 지붕. 지중해에서 불어오는 향긋한 바람을 온몸으로 만끽했다.

샛길을 따라 들어간 곳에 작은 인공 폭포수가 흐르고 있었다. 사람들은 거기서 흩어져 나오는 청량한 물방울을 맞으며 땀을 식히는 중이었다.

언제나 그렇듯 인연은 갑자기 찾아온다. 모자 쓴 통통한 어린 남자아이가 능글맞게 웃으며 다가왔다. 12살이었을 적 내 모습을 보는 것 같다. 어색한 티를 내지 않으려 먼저 인사를 건넸다.

"Hi~"

"Hi~"

"네 이름은 뭐야?"

"내 이름은 '필립'이야. 형 이름은 뭐야?"

"만나서 반가워. 'An'이라고 부르면 돼."

"An!"

독일에서 왔다는 필립은 가족들과 방학을 맞아 프랑스에 놀러 왔단다. 아이는 영어로 몇 마디 하다가 휴대폰을 꺼내 들었다. 주머니에서 나온 꼬마의 스마트폰 케이스는 정육점에서 갓 꺼낸 돼지고기 한 근처럼 두툼했다. 감성 따윈 내다 버린 극한의 기능성을 추구한 디자인!

필립은 왼손을 주머니에 푹 찔러넣고, 주변을 계속 두리번거리며 번역기에 독일어를 쏟아냈다. 그 모습을 보고 익숙한 어느 동네 아저씨의 모습이 떠올랐다.

필립은 자신감이 넘쳤다. 이 꼬맹이의 당돌함은 어디서 나오는 걸까?

"네 꿈은 뭐야?"

필립은 말없이 어깨를 으쓱해 보였다. '그런 거 없어'라고 하는 듯하다.

"차가 좋아. 특히 수퍼카!"

나는 차에 대해 아는 게 별로 없다. 그러니 수퍼카에 대해서도 알 리가 없다. 그나마 '페라리', '람보르기니'는 많이 들어서 이름만 알고 있는 정도였다. 이 두 가지만 입에 올렸을 뿐인데, 필립은 함박웃음을 띠었다.

아이는 갤러리를 열어 수퍼카 사진들을 보여줬다. 전부 모나코에 갔을 때 직접 찍은 사진이라고 자랑했다. '맥라렌', '롤스로이스', '에스턴 마틴', '벤틀리'.

"전부 네 거야?"

"No, no no n o n ono no!!!"

필립은 수퍼카를 보면 '그냥' 신난다고 했다. 필립은 한참을 떠들다가 뒤에서 가만히 기다리던 아버지를 발견하고는, 쿨하게 'Bye' 한 마디를 남기며 뒤도 돌아보지 않고 떠났다.

'뭔가를 저렇게 열정적으로 좋아할 수도 있구나.'

자신이 뭘 좋아하는지 분명히 알고, 낯선 사람에게 당당히 말할 수 있는 꼬마의 열정이 부러웠다. 나이를 떠나 그 모습만큼은 닮고 싶다.

나에게도 순수하게 뭔가를 좋아했던 적이 있었던 것 같은데. 언제부터 그걸 잊고 살았는지조차 잊어버렸다. 그게 자연스러운 걸까. 너무 싫다.

◆

로마에서 그랬던 것처럼, 다시 한번 아껴둔 버킷리스트를 꺼냈다. 어느 유튜브 영상에서 본 것처럼 '니스 해변가에 앉아서 피자와 맥주 먹기'. 맛있고 저렴한 피자부터 구해야 했다. 마침 벤치에 앉아 피자 한 박스를 사이좋게 나눠 먹고 있던 두 남자가 시야에 들어왔다.

"피자 맛있어 보이네요. 어디서 샀는지 알려주실 수 있나요?"

그들은 경계하면서도 피자 가게를 알려줬다. 10,000원짜리 피자 한 판을 포장하고, 슈퍼마켓에서 노란 병맥주 한 병을 산 뒤 바닷가로 돌아왔다.

슈퍼마켓 직원에게 술주정만 부리지 않으면 해변가에서 음식 취식이 가능하다는 답변을 받았지만, 폴란드 무임승차 사건에서 얻은 교훈을 떠올리며 현장 검증에 들어갔다. 돗자리 위에서 샌드위치 먹는 사람들을 두 눈으로 직접 보고 나서야, 자갈 위에 앉을 수 있었다.

피자 박스를 펼치니, 녹색 바질잎과 어우러진 토마토 소스 향기가 식욕을 자극했다. 병맥주 뚜껑을 따니 '취이-'하며 청량한 소음이 났

(피자 한 입)

#I Love NICE

다. 저물어가는 태양을 바라보며 피자 한 조각을 베어 물고, 시원한 맥주로 입가심했다. 엄청 특별한 맛을 기대했지만, 집에서 영화 보면서 먹던 그 이상의 것은 아니었다. 좋지도, 나쁘지도 않은 평범한 맛. 그래도 느긋한 이 순간이 좋다.

사람은 저마다 자기에게 맞는 나라, 또는 지역이 있다고 한다. 아마 니스가 명곤이 형에게 그랬던 거겠지. 따사로운 햇살, 상쾌한 바닷바람, 그리고 웃음 넘치는 사람들. 무엇 하나 부족할 것 없는 완벽한 장소다. 왜 그가 니스를 그리워할 수밖에 없는지 조금은 알 것 같다.

프랑스의 심장인 파리를 건너뛰고 방문한 니스는 분명 기대 이상으로 좋았다. 하지만 니스에 영혼을 묻어두기에, 나는 아직 보고 싶은 세상이 많다.

happy birthday to me

프랑스

2023년 4월 18일. 모로코로 떠나기 위해 방문한 보흐도 공항 벤치에서 아침을 맞이했다. 서른 살이 되었다. 기어코 이날이 왔구나. 멍하니 앉아 목덜미를 벅벅 긁었다. 어깨 너머로 어린이용 회전목마에서 활기찬 배경음이 흘러나온다.

'벌써 여행 절반이 끝났네.'

한국인은 19살에서 20살이 되는 순간, 금기를 깨고 어엿한 사회인이 된다. 매년 첫날 0시가 되면 갓 성인이 된 몇몇 아이들이 신분증을 들고 당당히 클럽에 입장하거나, 편의점에서 떳떳하게 담배를 사는 행위로 그들만의 성인식을 치른다.

30살에 깰 수 있는 금기는 없을까? 만약 게임이었다면 나이를 레벨에 비유할 수 있겠지. 레벨 제한 때문에 시도해 보지 못했던 새로운 퀘스트를 진행할 수 있을 것이다. 놀라운 보상들이 기다릴지도 모른다.

현실은 현실이다. 퀘스트 따위가 있을 리 없다. 반복되는 어제의 연장일뿐이다. 그렇게 생각하니 허무하다는 생각밖에 안 든다. 이제 어떻게 살아야 되지?

 영원할 줄만 알았던 이십 대를 허무하게 놓쳐버렸다. 삼십 대가 되어 '죽음'에 한 걸음 더 가까워졌다는 게 실감 난다. 여전히 나는 가진 게 아무것도 없었다.

 하루가 멀다하고 언론에서 '출산율 저조', '경제 성장률 하락' 같은 부정적인 소식이 줄기차게 쏟아져 나오는 절망적인 상황에서, 도대체 무슨 희망을 기대해야 하는가.

 문득 작년 서점에서 있었던 일이 떠올랐다. 우연히 재회한 〈스물아홉 생일, 1년 후 죽기로 결심했다〉를 읽고, 작가의 간절함을 흉내 내 세계여행을 떠나기로 했던 순간.

 '한국에서 서른 살을 맞이하지 않겠다.'

 그녀처럼 죽음을 각오할 정도의 절실함을 갖는 것조차 재능이라고 여겼다. 같은 스물아홉 살임에도 어째서 나는 그런 것을 따라할 수조차 없는 건지 답답했다. 나도 그런 행운을 맛보고 싶었다.

 그래서 그런 척하기로 했다. 반복되는 어제 같은 오늘이 아닌 다채로운 나날을 바랐다. 그렇게라도 하지 않으면 앞으로의 삶이 비참할 것 같아서.

 여행을 다니는 동안 많은 생각이 스쳤다. '홀로 서는 법', '재능에 연연하지 않는 법', '생각하는 대로 사는 법' 같은 것들. 자신감 넘치는 단단한 사람이길 바랐다. 줏대없이 떠밀려 다니지 않고, 생각하는 대로 사는 그런 사람.

내가 나한테 이렇게 뭔가를 챙겨준다는게

　누구나 벼랑 끝에 내몰리면 과거를 돌이켜보게 되는 걸까? 이제서야 나를 마주하게 됐다. 혼란스럽고, 답답하고, 가끔 화가 치밀어오르기도 했다. 불편한 진실을 마주해야만 하는 현실이 거북하다.

　언제부터인가 자아를 찾기 위한 고민을 기피해 왔다는 것을 깨달았다. 정확한 이유는 모르겠다. 지독하게 뭉친 실타래를 풀어내야 하는 것만큼 끔찍한 일이 또 있을까. 미룰 수만 있다면 평생 그러고 싶다. 그래서 지금에 이르게 된 거겠지만. 열심히 사느라 여유가 없었다고 자기변호를 하기에, 나는 그다지 열과 성을 다해 살지 않았다.

　더 이상 재능이 만개할 때까지 기다릴 수 없게 됐다. 현실을 바라봐야 했다. 스쳐간 여러 생각 중에서 한 가지를 떠올린다. 뭘 하든 이십대의 나와 정반대로 사는 것.

　어차피 남들처럼 다양한 경험을 해보지 못했으므로, 뭘 하든 엉성할 수밖에 없다. 하다 보면 익숙해지겠지. 조금 뻔뻔해지니, 오히려 자신감이 생긴다. 실패해도 된다면 뭐든 할 수 있을 것만 같다.

특히 나 같은 사람들이 가능한 일이라고 생각한다. 아무것도 가진 게 없는 어정쩡한 사람들. 그래서 우리는 가질 것밖에 없다. 동네 아저씨들처럼 남들 눈치 보지 않고 당당해지기로 한다. 그래, 나는 아저씨야!

이번 기회를 놓치면 마흔 살에 똑같은 실수를 되풀이할 것 같은 확신이 든다. 이상하다. 서른 살은 평생 오지 않을 줄 알았는데, 당장 다음 주면 마흔 살이 될 것만 같다.

티라미수 케이크와 마주 보고 앉았다. 촛불은 없다. 다른 사람들은 들을 수 없는 나지막한 목소리로 나를 위한 생일 축하 노래를 부른다.

"happy birthday to me-"

자신에게 불러주는 생일 축하라니. 으... 오글거려. 한국에 있었다면 절대 못 할 행동인데.

"happy birthday to me~"

녹화 중인 카메라가 신경 쓰인다. 하지만 참는다. 두 번 다시 오지 않을 이 순간을 기록한다.

"happy birthday to me,"

사람들이 힐끗 쳐다본다. 당신들은 운이 참 좋군요.

"happy birthday to me."

종이 스푼으로 케이크를 푹 퍼서 입에 넣었다. 기관지로 유입된 티라미수 가루 때문에 사레가 들렸다. 한동안 기침이 나왔다. 맞다, 이거 때문에 티라미수를 안 좋아했었지. 하필 고른 게 티라미수라니. 나는 여전히 나를 모르는구나.

이렇게까지 자신에게 관심을 가졌던 적이 있었나? 죽기 전에 원하는 답을 찾을 수 있을지 모르겠다. 아니 죽음이라는 게 있기는 할까? 집단지성이 만들어낸 허상이 아닐까? 우리는 존재하지 않는 것들을 평생 좇다가 촛불처럼 쉽게 꺼져버리는 게 아닐까? 어라, 그렇게 생각하니 너무 억울하다. 나도 분명 태어난 이유가 있을 텐데. 케이크는 달콤했다.

◆

언젠가 운행 중인 비행기에서 생일을 맞은 승객을 위해 승무원들이 춤추고, 축하 노래를 불러주는 영상을 본 적이 있다. 다른 탑승객들도 박수 치며 호응했다. 거기서 그치지 않고, 이코노미에서 비즈니스로 좌석을 업그레이드 시켜주기까지 했다. 생일 주인공은 행복에 겨워 어쩔 줄 몰랐다.

공교롭게도(?) 오늘은 내 생일이다. 그런 돌발 상황이 내게 일어난다면 어떻게 반응해야 할까? 안 해주면 어쩔 수 없지만, 굳이 해준다면 그것도 어쩔 수 없지 뭐.

배낭을 컨베이어 벨트 위에 올린 뒤 체크인 데스크의 여직원에게 모바일 티켓을 보여줬다. 오해로 인한 해프닝을 방지하고자 '죄송하지만, 저는 영어를 잘 못해요. 도와주세요'라고 먼저 도움의 손길을 청했다. 직원은 부드럽게 미소 지으며 알겠다고 화답했다.

그녀는 키보드를 '타닥, 타닥' 두드리며 전산 시스템에서 티켓 예매 정보를 입력했다. 잠시 후 옆 동료와 대화를 시작했다. 아... 보통 이런 상황이면 뭔가 문제가 있다는 뜻인데. 아니나 다를까, 상황은 예상대로 흘러갔다.

"체크인 타임을 놓치셔서 추가금을 결제하셔야 합니다..."

도대체 무슨 말인지 이해할 수가 없었다. 아직 출국까지 한참 남았는데, 시간을 놓쳤다는 게 무슨 말이지? 같은 말을 3번이나 반복했지만, 돌아오는 대답은 모두 똑같았다.

그녀는 영어가 서툰 나를 위해 조곤조곤 상황을 설명했다. 그럼에도 나는 무슨 말인지 이해할 수가 없었다. 한국인 고유 능력 중 하나인 눈치 스킬을 사용해 굴러가는 정황을 보니, 적어도 사기는 아닌 것 같았다. 어쩔 수 없이 카드로 55유로를 결제하고, 셔틀버스 대기실로 이동해 모바일 티켓을 다시 꺼내봤다.

'출국 24시간 전에 반드시 사전 체크인을 하셔야 합니다. 그렇지 않으면 추가 금액이 청구될 수 있습니다!'

티켓 하단에 코딱지만 한 글씨로 주의 사항이 적혀 있었다. 아니 이걸 어떻게 보라는건지. 문장 끝에 선명하게 인쇄된 느낌표가 약오른다. 하... 이것도 하나의 추억이겠지. 티켓에 '온라인 체크인 안 해서 데스크에서 55유로 카드 계산'이라고 적었다. 깜짝 생일 축하 이벤트는 개꿈으로 남았다.

happy birthday to me

블로그 체험단

고등학생 때 블로그에 리뷰 남기는 게 재밌어서 꾸준히 활동했던 적이 있었다. 살면서 그때보다 아니, 그때만큼 뭔가를 하고 싶다는 마음이 들었던 적은 없었다.

매달 용돈으로 2만 원씩 받았는데, 꾸준히 저축해오던 저금통을 깨고 35만 원짜리 PMP*를 샀다. 성적 향상에는 전혀 도움이 되지 않았지만, 내 노력으로 산 물건을 항상 지니고 있는 것만으로 행복했다.

PMP 소지자 한정으로 리뷰를 쓰면 추첨을 통해 '가죽 파우치'를 준다는 소식을 듣고 블로그에 글을 썼다. 정해진 규칙이 없었기 때문에 쓰고 싶은 대로 후기를 남겼다. 지금 생각하면 글을 참 못 썼다. 그런데 우수 리뷰어로 선정되어 가죽 파우치를 받았다. 고등학생이 사용하기에는 고리타분한 디자인이어서 실망했던 기억이 난다. 그런데 이때를 계기로 블로그에 재미를 느껴 매일 접속했다.

우연히 '체험단'이라는걸 알게 됐는데, 제공받은 제품의 리뷰를 작성하면, 체험 제품을 무상으로 제공해 준다고 했다. 돈은 없지만 갖고 싶은 게 많은 나로서는 최고이자 유일한 기회이기도 했다.

체험단으로 선정되려면 블로그 활동 기록이 필요했다. 집에서 나뒹

---

* Portable Media Player의 약자. 2G 폴더폰을 전화기로 사용하던 시절, 풀터치가 가능한 최신 장비였다. 동영상을 넣으려면, 반드시 장시간의 인코딩 과정을 거쳐야 하는 번거로움이 있었다.

굴고 있던 마우스, 이어폰 등 사용 중인 전자제품에 대한 시시콜콜한 이야기를 기록하는 것으로 활동을 이어나갔다.

 작은 기회부터 잡았다. 7천 원짜리 스마트폰 액정 보호필름 체험단으로 시작했다. 차차 실력이 쌓이니 대용량 보조배터리, 전문가용 이어폰, 흑백 프린터 등으로 활동 영역이 넓어져 갔다.

 가끔 블로그 메인 홈페이지 '오늘의 IT/전자 Top 10' 카테고리에 이름을 올리기도 했다. 1년 후 블로그 일일 평균 방문자 수는 2,000명을 웃도는 레벨까지 됐다. 파워블로거의 1/5 수준이었다.

 꾸준함은 그리 오래 가지 못했다. 중고장터에서 발견한 어느 게시글 때문이었다. 판매자는 '새것 같은 중고'라며 체험단 활동 보상으로 받은 제품을 판매하고 있었다. 낯익은 제품 사진의 출처는 이웃 블로거였던 A 씨였다.

 그것은 분명 구미가 당기는 행위였다. 왜냐하면 용돈 2만 원으로 살기에는, 갖고 싶은 게 너무 많았기 때문이다.(몇 년 후 시장 형평성을 해친다는 이유로 많은 체험단 활동 계약서에 '중고 거래 금지' 조항이 추가되었다.)

 집에 쌓아뒀던 체험단 제품들을 돈으로 환전했다. 계좌에 쌓여가는 자산 내역은 글을 쓸 때 느껴보지 못한 희열을 가져다줬다. 돈맛을 알아버린 거다. 그걸로는 만족하지 못했다. 더 비싼 제품을 사용해 보고 싶었다. 스텝업을 해야 했다. 조금 이르다는 걸 알았지만, 아마추어에서 프로 레벨로 들어서기 위해 한 발자국 내디뎠다.

프로의 벽은 높았다. 프로조차 탈락하는 세계에서 아마추어는 감히 명함조차 내밀기 어려웠다. 응모하는 체험단마다 족족 탈락하자, 점점 스트레스가 쌓였다. 종국에는 돈을 잃은 것 같은 느낌마저 들었다. 처음부터 내 것이 아니었는데 말이다. 나도 모르는 사이에 순수했던 마음은 추악한 욕심으로 변질돼 있었다.

더 이상 쓸모없는 리뷰를 하기 싫었다. 돈으로 바꿀 가치가 있는 제품만 리뷰했다. 그마저도 금방 싫증 나서 점점 블로그에 들어가지 않게 되었다. 악순환이 반복되었고, 자연스레 블로그에서 손을 떼었다.

한 매거진에서 유명 풋볼 클럽 감독이 신인 선수를 카메라 앞에 세우지 않는다는 이야기를 들은 적이 있다. 외부 요인에 휩쓸리게 되면, 온전히 축구에 집중할 수 없다는 게 이유였다. 감독 같은 멘토를 만났더라면 조금은 다른 이야기가 될 수도 있지 않았을까 종종 생각한다.

소중한 것은 잃어버려야 비로소 소중함을 깨달을 수 있나 보다. 성인이 되어 블로그를 다시 시작해보려고 했지만, 그때처럼 글을 쓸 수 없어 금방 포기했다. 분명 서툴렀지만, 이제와서야 그게 '좋아하는 일'이었다는 걸 깨닫는다.

일찍이 욕심에 젖어본 경험 덕분에, 무엇에 가치를 두고 살아야 하는지 미리 고민해 볼 기회를 얻었다고 생각한다. 이마저도 한참 뒤에 알게 된 거지만. 죽기 전에 비슷한 재미를 발견할 수 있을지 모르겠지만, 그때는 강하게 움켜쥐고 쉽게 놓아주지 않을 거다.

Team TCA

모로코

 어렸을 때 블로그에서 지나가듯 본 두 장의 사진이 잊혀지지 않는다. 어떤 여성이 사하라 사막 한가운데 앉아 찍은 사진이었는데, 머리 위로 뿌린 모래가 하트 모양을 띠고 있었다. 또 다른 사진은 느즈막한 오후, 모래 언덕 아래에 비친 낙타 행렬의 그림자였다. 그때 막연히 가진 모로코 여행에 대한 환상이 현실이 되었다.
 마라케시 시내의 에이전시들을 다니면서 사하라 사막 투어 견적을 비교했다. 80유로부터 120유로까지 가격이 천차만별이었고, 프로그램 내용도 달랐다.
 '인생 최고의 추억을 만들어드립니다!'
 그럼에도 여행사들이 자랑스럽게 내거는 슬로건만큼은 놀라우리만치 똑같았다. 하지만 내 목적은 '최고의' 사하라 사막 투어 따위가 아니었다. 사하라 사막에 가는 것으로 족하였다. 제일 저렴한 상품에 포함된 사막에서 사진 찍기, 샌드보딩, 낙타 라이딩이면 충분했다.
 1박 2일은 너무 짧고, 3박 4일은 너무 긴 것만 같다. 아무리 생각해도 2박 3일이 적당하다. 반나절 동안 열심히 발품을 팔다가, 잠깐 숙소에 돌아와 로비 쇼파에 퍼질러졌다. 프론트를 지키고 있던 호스트가 말을 걸어온다.

"헤이 An, 투어는 정했어?"

"말도 마. 80유로부터 120유로까지 전부 제각각이야."

"우리 호스텔에 2박 3일짜리 사하라 사막 투어가 있는데, 75유로에 해줄게. 어때?"

"음... 나는 60유로를 원해."

호스트는 난감한 표정으로 '그럼 더 알아보고 와'라고 했다. 다시 한 번 시내로 나갔지만, 2시간 동안 만족할 만한 투어를 찾지 못해 숙소로 돌아왔다. 호스트와 마주 보고 앉아 협상을 재개했다.

"60유로에 사하라 사막 투어를 가고 싶어."

"헤이 An, 그건 우리한테 좋지 않아. 70유로까지 해줄게. 이 정도면 괜찮잖아? 네 배낭을 맡아줄 수도 있어."

30분간 이어진 팽팽한 줄다리기에도 합의점을 찾지 못해 자리에서 일어났다. 그제서야 호스트는 마지못해 65유로에 해주겠다고 했다. 여유로운 척 가벼운 미소를 띠며, 그러나 얄팍한 속내가 보이지 않도록 표정을 관리하며 지갑에서 돈을 꺼냈다. 애초에 목표 금액이 65유로였기 때문에 만족스러운 거래였다.

아침 일찍 배낭을 숙소 창고에 맡겼다. 호스트가 소개해준 갈색 가죽 재킷에 청바지를 입은 아저씨를 따라 문을 나섰다.

"뽀또, 뽀또, 뽀또, 뽀또!"

왜인지 아저씨가 더 신나 보인다. 여자 친구라도 생긴 걸까.

18인승 승합차에 제일 먼저 도착한 건 나였다. 이럴 거면 뭐 하러 일찍 나오라고 한 건지. 실내는 깔끔했다. 좀 더 지저분하고 허름한 교통수단을 기대했는데… 가는 길에 자동차 바퀴만 안 터지면 좋을 것 같다.

사막 한 가운데에서 카드 결제가 어려울 것 같다고 생각해, 어제 ATM 기기에서 10만 원가량 현금을 인출해뒀다. 금액을 확인을 하려고 지갑을 열었다. 어? 어제 뽑은 돈이 보이지 않는다. 쓰다 남은 지폐 몇 장만 달랑 담겨 있다. 19,000원 정도.

숙소 창고에 배낭을 맡길 때, 비상 지갑에 현금을 보관했던 장면이 스치듯 지나갔다. 망했다. 이걸로 2박 3일을 버틸 수 있을까. 하나둘 관광객들이 빈자리를 채웠다. 나를 포함해 16명이 참여하는 투어였다.

버스는 비포장도로와 포장도로를 번갈아 가며 달렸다. 종종 브레이크 타임을 가졌는데 그때마다 차에서 내려 뽀또를 찍었다. 나처럼 사진을 찍어줄 일행이 없는 사람들에게 먼저 다가가 사진을 찍어줬다.

우리는 조금씩 마음을 열어갔다. 포르투갈, 캐나다, 스페인, 독일, 이탈리아, 미국 그리고 한국. 서로 다른 나라에서 온 사람들이 '사하라 사막'이라는 하나의 목적지를 향해 달려가고 있는 이 상황이 신기했다.

투어 프로그램은 알차게 구성돼 있었다. 영화 〈인디아나 존스〉 촬영지도 방문해 보고, '원숭이 발바닥 산'이라는 곳에서 친구들과 같이 사진을 찍기도 했다.

점심 식사를 위해 방문한 레스토랑에서 식사하는 친구들을 보며 오렌즈 쥬스로 허기를 달래거나, 아무것도 먹지 않고 버텼다. 그래서 배가 너무 고팠다. 여행 말미에 친구들이 돈을 빌려주겠다고 했지만, 입맛이 없다는 핑계로 거절했다.

해가 저물때 쯤 숙소에 도착했다. 드디어 밥을 먹을 수 있다! 숙소식사는 투어 비용에 포함돼 있기 때문에, 추가 비용을 지불할 필요가 없었다. 빠르게 샤워를 마치고, 식당에 제일 먼저 도착했다.

여행객들은 미리 세팅된 원형 테이블에 둘러앉았다. 저녁은 타진과 쿠스쿠스라고 했다. 메인 요리가 나오기 전에 빵과 작은 그릇에 핫소스가 제공됐다. 뜬금없이 '스파이시 챌린지'가 시작됐다.

"음~ 맘마미아!"

이탈리아인의 매운맛을 보여주겠다던 매튜가 내뱉은 찬사였다. 그의 얼굴이 서서히 붉게 달아오르기 시작했다.

다음 날 아침, 자신의 이름을 '무함'이라고 소개한 가이드는 베르베르족 전통 의상인 하늘색 질레바를 입고, 목에 검은색 스카프를 두르고 있었다. 생글생글 웃는 모습이 보기 좋았다.

그는 한 명 한 명에게 다가가 웃으며 말을 걸었다. 우리 이름을 아랍어로 해석해 줬다.

"제 이름은 An이에요."

"An, An… An… 세이드!"

세이드는 아랍어로 '행복'이라고 했다. 그를 따라 베르베르족이 모여 산다는 마을에 들어갔다. 손으로 직접 만드는 카페트에 대한 설명을 듣고, 베르베르족의 역사가 담긴 박물관에 방문했다.

자신의 일에 열정적으로 임하는 그의 모습에 감명받았다. 버스에 올라타며 소소한 팁을 건넸다. 무함은 훔치듯 팁을 낚아채며 말했다.

"걱정 마, 나도 같이 갈 거야."

뻘쭘했다.

얼마 지나지 않아 무함이 모두에게 내리라고 했다. 도로 한복판이었는데, 저 멀리 무수히 많은 야자수가 우뚝 솟아있는 마을이 보였다.

무함은 우리를 단체 사진 대열로 배치하고, 혼자 무어라 크게 외쳤다. 운전기사 아저씨가 그 신호에 따라 카메라 셔터를 눌렀다. 순식간에 촬영이 끝났다. 친구들은 방금 무슨 일이 일어났는지 맥락을 파악

(단체 사진 촬영)

하려고 눈치를 살피느라 바빴다. 무함이 다시 한번 외쳤다.

"모두 나를 따라서 외쳐! 타진, 쿠스쿠스, 아프리카~! 준비됐지? 3, 2, 1!"

"타진, 쿠스쿠스, 아프리카~!"

무슨 뜻인지도 모르는 채 그가 시키는 대로 했다. 그러나 사진 속 우리는 웃고 있었다. 하긴 무슨 특별한 의미가 필요할까. 즐거우면 된 거지. 한번은 운전기사 아저씨 휴대폰으로, 또 한 번 무함의 스마트폰으로 찍었다. 나도 영상으로 남겨두고 싶어서 친구들에게 세 번째로 포즈를 부탁했다.

"타진, 쿠스쿠스, 아프리카~!"

사진을 공유하려고 만든 팀 단톡방 이름을 'Team TCA'라고 지었다. 친구들은 우리를 표현하기에 아주 좋은 팀명이라며, 나의 네이밍 센스에 따봉을 보내줬다.

사하라 사막의 출발점인 메르주가에 도착했다. 각자 텐트에서 사용할 짐을 챙겨 버스에서 내렸다. 태양 아래 모래 언덕 사이로 두 사람이 20마리 정도 되는 낙타를 이끌고 오는 게 보였다.

이집트에서 낙타를 타본 경험으로 능숙하게 다리를 들어 안장에 올랐다. 그때 '북-'하는 소리와 함께 불길한 예감이 들었다. 바지가 터졌다. 갈아입을 바지는 숙소에 두고 왔는데… 가이드는 사막 텐트까지 2시간 정도 걸린다고 했다.

사하라 사막 낙타의 특별함을 기대했지만, 이집트 낙타와 크게 다를 건 없었다. 지루하다… 바람을 타고 불어오는 사막의 모래 알갱이가 사정없이 눈을 찔러대는 탓에, 차라리 걸어가는 게 낫겠다는 생각도 들었다. 사막 한복판에서 몇 번의 뽀또 타임을 가졌다. 우리는 누가 먼저랄 것 없이 큰 목소리로 외쳤다.

"타진, 쿠스쿠스, 아프리카!"

저녁이 되어서야 텐트에 도착했다. 나무로 둘러쳐진 울타리 문을 열고 들어가면서, 기둥에 설치된 CCTV와 눈이 마주쳤다.

가이드가 배정해준 텐트에 들어갔다. 내부는 처참했다. 공기 중에 먼지가 둥둥 떠다녔고, 세면대 거울은 깨져 있었다. 변기에서는 물이 나오지 않는다. 어찌 보면 사막이라 당연한 건가 싶기도. 잠깐만, 요르단의 와디 럼 사막에서는 온수 샤워까지 했는데…?

텐트 밖 하늘에는 새하얀 달이 떠 있었다. 한국의 달도 이렇게 높았던가. 답답함을 못 이긴 친구들이 한 명씩 텐트 밖으로 나왔다. Team TCA 멤버들은 달을 보며 두런두런 이야기를 나누었다.

2시간이나 기다린 끝에 저녁 식사를 할 수 있었다. 그런데 준비된 음식 양이 너무 적었다. 너나 할 것 없이 접시에 남은 마지막 양념까지 싹싹 닦아 먹었다.

3일 차 아침, 드디어 사하라 사막을 떠나는 날이 왔다. 낙타를 타고 왔던 길을 되돌아가야 했다. 쨍한 햇빛이 모래 언덕 위로 서서히 고개를 내밀었다. 불어오는 바람에 섞인 모래 알갱이를 피하려 고개를 돌렸다. 그때 놀라운 장면을 발견했다. 일렬로 행진하는 낙타 무리의 모습은 내가 줄곧 상상해 오던 유목민의 모습이었다. 그렇구나. 나는 이걸 보고 싶었던 거구나.

사하라 사막에서 많은 걸 이뤘다. 소원, 인연, 추억. 길거리에서 외국인을 마주치면 피해 다니느라 바빴는데, 언제부터 그들과 섞여 지낼 수 있게 된 거지? 신기하다.

놀러오세요 사미의 집

모로코

라바트의 도미토리에 묵고 있을 때였다. 테라스에서 유튜브 영상 편집을 하고 있었는데, 옆에 앉아있던 젊은 남자가 말을 걸어왔다. 자신을 '사미'라고 소개했다. 곱슬머리에 검은색 뿔테 안경을 쓴 **너드남***이었다. 코딩 잘할 거 같이 생겼다. 놀라웠던 건, 사미는 한국과 일본에서 유학 생활을 해본 경험이 있다는 거다.

사미는 '안녕하세요', '여자 친구' 등의 간단한 한국어를 구사할 수 있었다. 하지만 한국에서 보낸 시간이 짧았기 때문에, 한국어를 잘하지는 못했다. 반면 일본에서 공부한 기간이 길어 일본어는 능숙했다.

나도 나름 일본어는 자신 있었다. 고등학생 때 '전국 일본어 말하기 대회'에서 은상을 수상한 이력이 빛을 발하는 순간이었다.

"하지메마시떼. 와타시와 사미데스."

"와타시노 나마에와 안승환데스. 요로시꾸 오네가이시마스."

사미는 카사블랑카에 사는데, 라바트에 잠깐 놀러 왔다고 했다. 마침 나의 모로코 여행 종착지도 카사블랑카였다. 사미와 연락처를 주

---

* 특정 분야에 몰두할 줄 아는 남자. 자발적 아싸(친구 없음)로 검은색 뿔테 안경 등 지적인 이미지가 포인트.

고 받았다.

 4일 후 카사블랑카에 숙소를 잡았다. 지금껏 방문한 모로코 도시 중에서 가장 많은 발달이 이루어진 곳이었다. 대도시답게 멀리서도 한눈에 들어오는 대형 간판들이 즐비했고, 콧대 높은 건물들이 우후죽순 하늘을 찌르고 있었다.

 건물에 투자를 너무 많이 한 탓일까. 다른 도시보다 물가가 비싸게 느껴졌다. 골목 정육점 아저씨의 도움을 받아 외곽에 숨겨진 마지막 숙소에 체크인했다. 정사각형의 좁은 독방에 침대가 두 개인 방이었다. 5평 정도 되려나. 도저히 납득할 수 없는 숙박비였다. 다른 지역이었으면 이 돈으로 호텔에 묵을 수 있었을 텐데.

 사미는 약속대로 다시 한번 집에 초대했다. 정 많은 한국인의 특성인 걸까. 빈손으로 방문하자니 마음이 편치 않았다. 작은 선물이라도 준비해야겠는걸.

 뭘 사줘야 좋아할까. 사미와 만난 지 하루도 채 되지 않았기 때문에, 그의 취향을 짐작할 수가 없었다. '뭐라도 있겠지'라는 생각으로 대형 쇼핑몰로 향했다.

◆

 시내버스를 타고 사미네 아파트 앞에 도착했다. 경비실에 앉아있는 백발의 할아버지가 쏘아보는 것 같은 기분이 든다. 멀리서 한 손에 검은색 비닐봉투를 쥐고 걸어오는 사미와 눈이 마주쳤다. 카메라를 꺼냈다.

"지금 찍고 있는 거야?"

미리 촬영해도 된다는 동의를 받았지만, 카메라가 어색한 건 어쩔 수 없나보다. 부자연스럽게 행동하는 사미를 따라 계단을 타고 3층으로 이동했다.

현관문을 열고 들어갔다. 방이 3개, 주방, 화장실, 거실이 모두 분리돼 있었다. 게다가 넓다! 한국에서 이런 집에 살려면 돈이 무지막지하게 있어야 할텐데...

"혼자 살기에는 집이 너무 넓지 않아?"

"예전에 가족들이랑 같이 살았는데 지금은 나만 살아."

안방에는 옷가지들이 여기저기 널브러져 있었다. 이국땅에서 공대 남자 기숙사의 친근함이 느껴졌다. 그 와중에 양말만큼은 하나, 둘, 셋 불규칙 속에서 어떤 규칙성을 띄고 있었다. 모로코인들에게 특별한 의미라도 있는 걸까.

"양말이 순서대로 흩뿌려져 있는 건 무슨 의식 같은 거야?"

"그냥 정리 안 한건데."

무심한 그의 대답에 웃음이 났다.

"너에게 줄 선물이 있어."

쇼핑몰에서 고심 끝에 구매한 선물을 가방에서 주섬주섬 꺼내 들었다. 플라스틱 케이스 안에 담긴 은 숟가락 6개. 사미는 당최 알 수 없

는 선물의 의미를 해석하려고 숟가락을 쏘아봤다.
"숟가락이 6개인 데는 이유가 있어. 하나는 사미 너의 건강을 위해, 하나는 미래의 아내를 위해, 나머지 4개는 미래의 자식들을 위해."
"...재밌네."
사미는 실없는 웃음을 지으며 어떻게 반응해야 할지 모르겠다는 눈치였다. 이해한다. 마트에서 판매하는 숟가락은 최소 단위로 6개씩 묶여 판매되고 있었기 때문에, 억지로 의미를 끼워맞춘 거였다. 하지만 사미가 건강했으면 하는 마음만큼은 진심이었다.
"네가 건강했으면 좋겠어."
"응. 지금 건강해졌어."
효과는 굉장했다...!

모로코에서 내가 좋아하는 음식은 3종류가 있다. 타진, 쿠스쿠스, 아프리…카가 아니고 코프타. 모로코의 밥상은 우리나라 음식처럼 상다리가 휘어질 정도로 반찬 종류가 많지 않지만, 재료의 맛을 살리는 방식이 매력이라고 생각한다. 그중에서도 '타진'이 가장 마음에 든다. 타진은 납작한 접시 위에 재료를 쌓고, 원뿔형 꼬깔 모양의 뚜껑을 덮어 쪄먹는 찜 요리에 가깝다. 우리나라로 치면 뚝배기에 담긴 국밥 같은 대중적인 음식이다.

감자, 병아리콩, 올리브, 당근, 양배추, 고기(닭고기, 양고기, 소고기 중 하나)를 넣고 찌면 타진이 완성된다. 플라잉 디스크 원반처럼 둥글게 생긴 '코부즈'라는 빵과 곁들여 먹는다. 코부즈는 별다른 맛이 나지 않지만, 모로코 음식과 떼려야 뗄 수 없는 관계인 듯하다. 대부분의 식당에서 무료로 제공한다.

사미가 준비한 점심 메뉴는 타진이었다. 현지인이 직접 만들어주는 타진을 먹어보게 될 줄이야. 우리는 식재료를 꺼내 요리를 시작했다.

"저기 있는 작아이모 가져와 줄래?"

"작아이모가 뭐야?"

"'자가이모.' 일본어로 '감자'라는 뜻이야."

사미는 감자에 이어 토마토를 잘라 넣었다.

"토마토는 왜 넣는 거야?"

"원래 타진에 토마토 들어가."

"뭐라고? 모로코 여행 다니면서 타진에 토마토 들어가는 건 처음 보는데?"

음식에 정답이 어디 있겠는가. 같은 요리라도 지역에 따라, 식당에 따라, 요리사에 따라(또는 그날 기분에 따라) 레시피가 조금씩 달라지는 현상은 아무래도 만국 공통인가 보다.

사미는 점점 끓어오르기 시작하는 타진에 뚜껑을 덮으며 나직하게 말했다.

"모 오아리다."

사미는 거실 책장에 꽂힌 만화책 중에서 한 권을 꺼내 들었다. 일본 인기 만화 중 하나인 〈나루토〉였다. 대사가 전부 일본어로 적혀 있었지만, 일본 유학파인 사미는 손가락으로 글자를 하나씩 짚어가며 천천히 읽어 나갔다.

"내가, 호카게가, 된다."

사미는 할 일이 있다며 방으로 들어갔다. 소파에 누워 배 위에 노트북을 올려두고 키보드를 타닥거리기 시작했다. 우리나라 교통카드 결제 시스템 비슷한 걸 만드는 프로젝트를 하는 중이라고 했다. 뭐야, 진짜 너드남이었잖아?

팔팔 끓는 타진 뚜껑을 열자, 뜨거운 김이 모락모락 피어올랐다. 내가 알던 타진의 형태가 되었다. 배에서는 '꾸르륵'거리며 밥 달라고 아우성이었다.

사미는 안방으로 이동해 책상 위에 널브러진 장난감들을 한쪽 구석으로 밀어낸 뒤, 거기에 타진과 코부즈를 올렸다.

"타진 먹는 방법은 알아?"

"샌드위치처럼 먹으면 되잖아?"

"아... 샌드위치랑은 좀 다른데."

사하라 사막 투어를 갔을 때 가이드에게 단기 특강으로 '올바른 타진 먹는 법'을 배운 적이 있다. 그 모양새가 샌드위치 같다고 생각했다. 그러나 사미는 그것과 다르다며 명백히 선을 그었다.

"잘 봐."

그는 코부즈를 작게 한 조각 떼어내서 타진을 긁어 내용물을 쌓은 다음, 그대로 입으로 가져갔다. 뭐야. 별거 없잖아.

하지만 내가 하려니 사미처럼 타진을 퍼 올릴 수 없었다. 그는 옆에서 보고 있다가 재차 시범을 보였다.

"손가락 세 개를 써야 돼. 검지랑 중지에 힘을 줘서 타진을 끌어오고, 엄지는 반대편에서 받쳐줘. 그리고 입에 넣어."

사미가 옆에서 하나하나 지시했다. '손가락 벌려', '빵 떼어 내', '타진 긁어', '입 벌려'. 의정부 훈련소에서 기초군사훈련 받던 때가 생각났다.

너무 많은 명령어를 입력받은 탓에 팔이 고장 났다. 타진을 집은 오른팔이 포크레인처럼 꺾여버린 것이다. 기가 막힌다는듯 사미는 한마디 했다.

"지금 놀리는 거지?"

우리는 한참을 웃었다.

내일 한국으로 돌아갈 준비를 해야 했으므로, 떠나기 전에 사미에게 보답하고 싶었다. 근처 카페에서 커피를 사겠다고 했지만, 그는 일 때문에 자리를 비우기 어려우니 저녁에 가자고 했다. 나는 그럴 시간이 없었기 때문에, 조금만 더 있다가 돌아가겠다고 했다. 사미는 두 눈이 휘둥그레 져서 놀라 물었다.

"우리 집에서 자고 가는 거 아니었어?"

"엥? 너네 집에서 자고 가는 거였어?"

카우치서핑 호스트로 활동하고 있다는 사미는 처음부터 재워줄 생각이었다고 했다.

"짐은 숙소에 있고, 내일 한국으로 돌아갈 준비를 해야 돼."

"어쩐지... 그래서 짐이 없었구나. 전혀 눈치채지 못했어."

너무 아쉽다. 카우치서핑도 해보고 싶었던 것 중에 하나였는데! 만난 지 하루도 채 되지 않은 낯선 사람에게, 선뜻 자신의 공간을 내어줄 생각을 했다는 게 꽤 충격이었다. 나라면 사미처럼 행동할 수 있었을까? 나의 어떤 모습을 보고 그런 결정을 할 수 있었던 걸까. 그의 호의에 여러 번 고맙다고 했다.

"진짜 감동이었나 보네. 그만 고마워해도 돼."

사미가 숟가락처럼 만수무강하길 바라면서 그의 집을 나왔다.

카사블랑카의 랜드마크인 하산 2세 모스크를 배경 삼아, 테트라포드가 깔린 바닷가를 거닐었다. 발 아래에서 파도가 벽에 부딪혀 '철석-' 소음을 일으켜댔다.

마트에서 산 통닭다리 구이를 꺼내 큼직하게 한입 베어 물었다. 논알콜 맥주도 시원하게 들이켰다. 멍하니 저물어가는 노을을 가만히 바라봤다.

'길고 짧은 5개월이었다.'

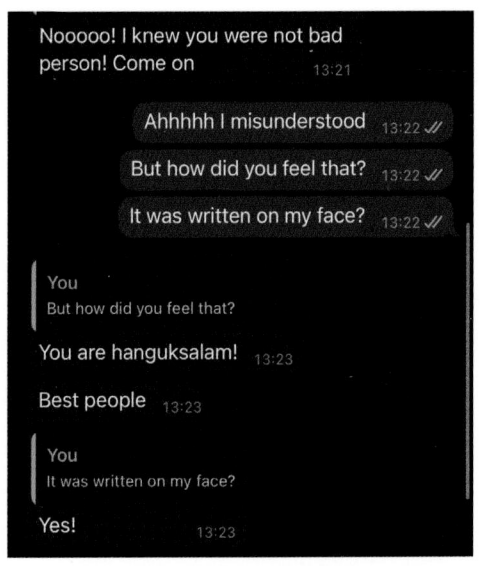

〈 한국인은 어디서든 사랑 받는다 〉

고객님 배낭이 누락됐어요

한국

아침부터 공항 철도로 향하는 골목길에 물웅덩이가 자라나고 있었다. 모로코에서 비 내리는 날은 손에 꼽을 정도라던데. 내 여행의 끝을 하늘이 아쉬워해 주고 있는 걸까. 그렇게 생각하기로 했다.

3달 전 모로코에서 한국으로 돌아가는 항공편을 미리 구입해뒀다. 이동 경로는 《 카사블랑카 → 런던 → 홍콩 → 인천 》이었다. 다만 한 가지 마음에 걸리는 게 있었는데, 런던에서 홍콩행 비행기로 환승하는 경유 시간이 1시간 30분이었다. 런던 공항을 한 번도 가본 적이 없으니, 시간이 충분한지 아닌지 가늠할 수 없었다.

'못 탈 비행기 티켓을 팔기야 하겠어?'

어떻게든 탈 수만 있으면 된다. 사전 조사를 할 수도 있었겠지만, 그렇게 하면 너무 많은 정보 탓에 결정을 미룰 것 같았다. 처음 여행을 떠났을 때처럼 대충 결정했다.

모로코 출국을 위한 비행기 체크인이 시작됐다. 항공사 직원은 수화기를 들어 어딘가 전화를 걸었다가, 옆자리 상사와 대화를 주고받기 시작했다.

'그럼 그렇지.'

이렇게 순순히 보내줄 리가 없지. 프랑스 보흐도 공항에서 겪은 55 유로의 악몽이 스멀스멀 피어올랐다.

"썸띵 프라브롬?"

"고객님이 런던에 갈 수 있는지 확인 중입니다."

"네? 런던 공항이 닫혀있나요?"

"그건 아닙니다만, 확인 중에 있습니다."

브렉시트가 일어난 지 몇 년이 지났다. 그렇다면 런던에 갈 수 있는지 확인하는 절차가 왜 필요한 걸까? 영화처럼 공항에 어떤 바이러스가 퍼지기라도 했나?

돌이켜 보니 내가 방문한 유럽 국가는 모두 **솅겐 지역***이었기 때문에, 체류 기간이 문제 되지 않는지 조회하는 과정이었던 것 같다. 비행기 티켓을 구매할 때 홈페이지에서 아무런 안내 메시지가 나타나지 않아서 당연히 집에 갈 수 있다고 생각했다.

비자에 대해 알아보니 나라마다 규정이 달랐다. 경유하려고 공항 안에만 머무르더라도 반드시 비자를 준비해야 하는 나라도 있었다. 대표적으로 캐나다가 그랬다.

컨베이어 벨트에 육중한 배낭을 올리며 물었다.

"제 배낭이 한국까지 한 번에 가는 거죠?"

런던에서 홍콩으로 경유할 때 항공사가 달라지기 때문에, 내가 직접

---

* 독일, 이탈리아, 프랑스 등 유럽 지역 29개국이 맺은 협약. 해당 가입국은 국경이 없는 것처럼 서로 자유롭게 드나들 수 있다.

배낭을 다시 접수해야 하는지 확인할 필요가 있었다.

"네. 한국에서 배낭을 받으실 수 있습니다."

직원에게 2번이나 확답을 받고 나서야 런던행 비행기에 오를 수 있었다. 마지막 순간만큼은 평안하길 바라면서.

3시간 20분 소요 예정이라던 런던행 비행기는 10분 지연됐다. 큰일 났다. 주어진 환승 시간 1시간 30분에서 10분이 차감된 거다. 그건 사소한 문제였다. 입국심사대에 많은 사람들이 무한에 가까운 대기 줄을 이루고 있었다.

'망했다.'

멘붕이었다. 추가로 비행기 티켓을 구할 돈이 남아있지 않았다. 주마등처럼 지인들의 웃는 얼굴이 스쳐 지나갔다. 그들이 돈을 빌려줄까?

교통정리를 하고 있던 공항 직원에게 길을 물었다. 런던에 입국하지 않고, 경유하는 사람들은 오른쪽 복도로 가라고 했다.

셔틀버스 승강장에 도착했더니 홍콩행 비행기로 환승하려면 3 터미널로 이동해야 한단다. 그런데 셔틀버스는 7분 뒤에 도착하고, 막상 버스에 탔더니 3 터미널까지 15분 걸린다고 한다. 정신이 나갈 것 같았다. 30분 안에 비행기에 탑승할 수 있을지 알 수가 없었다. 또 어떤 변수가 기다리고 있을지 모르기 때문이다.

역시 미리 알아보고 올 걸 그랬나? 진짜 비행기를 놓치면 어떻게 해야 되지? 탈 수 있는 비행기가 맞긴 한가? 밑도 끝도 없이 속은 타들어 간다.

3 터미널에 도착하자마자 미친 듯이 내달렸다. 한때 '해가 지지 않는 나라'의 이명을 가진 영국의 위상을 보여주듯, 터미널의 면적은 상상을 초월했다.

런던 공항의 게이트 번호는 1번부터 42번까지 있는데, 하필 홍콩행 비행기는 공항의 맨 끝인 42번 게이트였다. 부조리한 공항 구조에 불평불만을 늘어놓으며 숨이 멎어라 달렸다.

10분 만에 보딩 게이트에 도착했다. 숨을 사납게 헐떡거리자, 탑승 수속을 도와주던 승무원들이 '아 유 오케이?'라고 묻는다. 반사적으로 '아임 오케이'라고 답했다. 탑승 거부 안 당하려고.

비행기 이륙까지 18분 남은 상태에서 보딩 브릿지를 통과한다.

'휴... 됐다.'

지금껏 타본 비행기 중 사이즈가 제일 크고, 편의 기능이 많았다. 좌석마다 태블릿 PC가 설치돼 있었고, 담요와 베개도 제공됐다. 모든 게 퍼스트 클래스에서 누릴 수 있는 서비스 같았다. 아직 타보지도 않았으면서.

이마에서 흐르는 땀을 닦으며 숨을 돌리고 있는데, 스피커에서 기장의 안내 멘트가 흘러나왔다.

"저희 비행기는 장비 점검으로 인해 출발이 지연됐음을 알려드립니다."

...왜요?

비행기는 홍콩을 경유해 무사히 인천공항에 도착했다. 대한민국의 출입국 시스템은 유럽보다 빠르고 편리했다. 모든 게 하이패스로 이뤄졌다. 역시 빨리빨리의 민족답다.

'집에 도착해 배낭을 내려놓는 순간까지가 여행이다.'

아직 안심하기엔 일렀다. 배낭을 찾아야 한다. 컨베이어 벨트의 검은색 커텐을 통해 수하물들이 튀어나오고 있었다. 10분을 넘게 기다려도 내 배낭이 나타나지 않는다.

'에이, 설마...'

그때 회색 플라스틱 바구니가 눈에 들어왔다. A4 용지에 뭔가 적혀 있다.

'안승환 고객님, 위탁수하물 관련해 센터로 문의 바랍니다.'

그럼 그렇지. 이젠 놀랍지도 않다. 아니, 사실 이번만은 까무러치게 놀랐다. 펄떡거리는 심장 박동을 느끼며 수하물 센터로 향했다.

"혹시 런던에서 홍콩으로 환승하실 때 시간이 조금 짧으셨나요?"

"네. 엄청 짧았어요."

담당자는 영국에서 홍콩으로 환승하는 과정에서 내 배낭이 비행기에 실리지 않았다고 했다. 몇 달 만에 한국어로 주고받는 대화가 낯설었다.

역시 1시간 30분 만에 환승하냐는 긴 불가능에 가까운 일이었던 거다. 위탁수하물 운송 비용을 내라고 하면 어떡하지? 내 잘못은 아닌 거 같은데. 모로코에서 촬영한 증거 영상이 도움이 될까?

다행히 그럴 필요는 없었고, 내일 한국으로 들어오는 동일한 항공편으로 배낭이 들어올 예정이라고 했다. 뿐만 아니라 공항에 다시 방문할 필요 없이, 집까지 택배로 보내준다고 한다. 그것도 무료로!

결과적으로 모든 게 잘 됐다. 모로코 라바트에서 자전거 타다가 다친 왼팔이 신경 쓰였는데, 덕분에 20Kg이나 되는 배낭을 들고 다니지 않아도 됐다.

원래 인천공항에서 여유롭게 하룻밤 자고, 다음 날 아침 일찍 집으로 이동할 생각이었다. 하지만 마음이 놓이니, 푹신한 이불에 파묻히고 싶다는 충동이 일었다.

부랴부랴 대전에 사는 친구에게 연락했다. 그는 흔쾌히 재워준다고 했다. 서두르지 않으면 대전으로 향하는 마지막 길이 끊길지도 몰랐다.

인천공항에서 서울역까지, 서울역에서 대전역까지, 대전역에서 친구 집까지. 모든 과정이 아슬아슬하게 이루어졌다. 친구 집에 도착했을 때, 벽에 걸린 시계는 밤 12시를 지나있었다.

"거실 쇼파에 이불 깔아놨으니까 거기서 자."
카우치서핑을 이런 식으로 하게 될 줄이야.

여유가 사치라면
얼마면 될까

두 번째 스물아홉 살

한국

 동네 병원 의사 선생님은 X-Ray 사진을 가리키며, 왼팔 뼈에 금이 갔다고 했다. 모로코 라바트에서 자전거를 타다가 넘어질 때, 왼팔부터 땅에 떨어진 게 이유였다. 장기 여행자들이 여행 막바지에 다쳐서 돌아온다는 속설을 증명해낸 셈이 됐다. 그럴 필요는 없었는데…
 반깁스만 해도 치료가 가능하다고 했다. 왼팔을 'ㄴ'모양으로 고정한 채 생활했다. 일주일에 한 번씩 검사를 받았고, 2달이 되었을 무렵 의사 선생님은 깁스를 풀어도 좋다고 했다.
 "젊어서 그런가? 뼈가 빨리 붙네요."
 이상한 말을 한다. 진료 차트에서 내 나이가 서른 살이라는 걸 확인했을 텐데. 알고도 그런 말을 하는 건가? 내 찬란은 이미 프랑스에서 꺼뜨리고 왔는데.
 깁스를 풀었지만, 조금이라도 팔을 펴려고 하면 극심한 통증이 밀려왔다. 아직 끝난 게 아니었다. 추가로 1달 동안 물리치료를 받고 나서야, 팔을 완전히 펼 수 있게 됐다. 3달이 이렇게 긴 시간이었나. 아

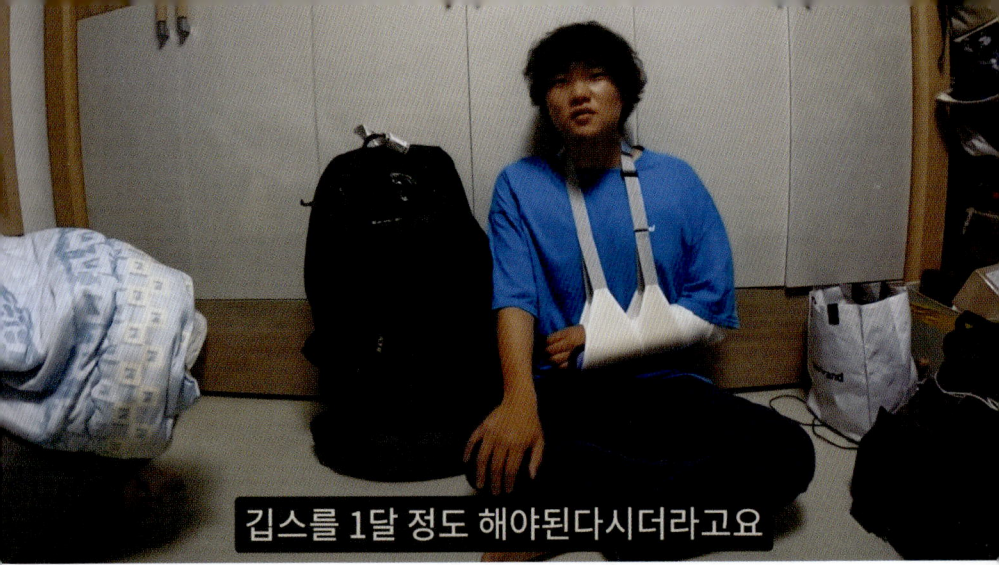

깁스를 1달 정도 해야된다시더라고요

 이러니하게도 왼팔 깁스 덕분에, 5개월의 세계여행이 한낱 꿈이 아니라는걸 실감할 수 있었다.
 세계를 돌면서 산 기념품을 들고 지인들을 만났다. 그들은 서로 모르는 사이였지만, 놀랍게도 비슷한 말을 했다.
 "승환씨 여행 갔다 오더니 뭔가 달라진 거 같아요."
 "저는 그대로인데요?"
 "뭔가 달라요. 음… 설명하기는 어려운데 뭔가 달라요."
 도대체 뭘까. 긍정적인 변화인 건 틀림없었다. 스스로 쳐놓은 울타리를 뛰어넘은 용기에 대한 '이자'로 생각하기로 했다.
 죽을 때까지 경험해 볼 일 없을 거라 믿었던 세계여행은 큰 자산이 되었다. 무엇보다 조금은 나를 이해할 수 있었던 게 뜻 깊었다. 그러나 모든 걸 털어 떠났기 때문에, 그에 대한 반작용을 부담해야 했다.
 "이제 뭐 하고 살 거예요?"

그런 건 전혀 생각하지 않았다. 그러려고 떠난 여행이었다.

'나중 일은 나중에 정한다.'

온전히 여행에 집중하고 싶었다. 사람들은 그런 나의 자세가 멋지다고 치켜세워주었다. 그 이면에 막연한 미래를 받아들이기 두려워, 도망치고자 했던 의도가 숨겨져 있던 건 아무도 몰랐겠지.

"우리 한 살 더 어려진 거 알아요? 만 나이가 통일됐대요."

내가 여행하는 동안 정부에서 **만 나이 통일법**[*]을 시행했다고 한다. 모두 한 살 어려졌다고 좋아했다. 세상은 내 이십 대를 강탈했다가, 무슨 변덕인지 갑자기 다시 돌려줬다. 기껏 서른 살을 받아들이기로 마음먹었는데 말이다. 나는 다시 한번 스물아홉 살이 되었다.

하지만 나는 받아들이지 않기로 했다. 껍데기를 바꾼다고 알맹이가 바뀌는 건 아니니까. 여행을 위해 노력한 시간과 많은 인연을 스치면서 얻은 추억들을, 손바닥 뒤집듯 간단히 부정하고 싶지 않았다. 내 이십 대는 이미 끝났다. 더 이상 돌이킬 수 없다.

'30살이면 꿈에서 깰 나이지.'

고작 나이 앞자리가 하나 바뀌었다고 진로, 연애, 취미였던 대화의 주제가 연봉, 결혼, 부동산으로 바뀌었다. 다른 사람들은 이미 자신의 직함, 가족, 장소가 있었다. 길 위에 먼저 올라선 선배들의 현실적인 조언을 받아들이는 게 현명한 걸까? 늦었지만 이제라도 커리어를 쌓아야 하는 걸까? 복잡한 마음을 안고 하루하루를 보냈다. 세계여행이 쓸데없는 욕심만 키운 게 아닌지 조금은 후회하면서.

---

[*] 2023.06.28 대한민국에서 시행된 법. 출생 시 1살로 나이를 셈하던 것을 0살부터 계산하게 되었다. 이때부터 모든 한국인의 법정 나이가 1살 줄어들었다.

그럼에도 기회만 된다면 당장 떠나고 싶었다. 늦바람이 무섭다던데. 더 이상 영상 분야에 종사하지 않겠다고 다짐했기에, 경력 없이도 돈을 벌 수 있는 일거리를 찾아야 했다.

카페에서 영어 공부를 하던 중, 노가다 인력을 구한다는 공고를 발견했다. 한 번도 해본 적 없는 일이지만, 살면서 경험해 볼 필요가 있는 분야라고 생각했다.

'평일 아침 7시~오후 4시, 공휴일/주말 쉼, 일당 16만 원 지급'

이 정도면 나쁘지 않은데? 지원서를 넣자마자 담당자에게 전화가 왔다.

"내일 바로 출근할 수 있어요?"

카페 천장에서 8월의 불볕더위를 식히는 에어컨이 쌩쌩 돌아가고 있었다.

시스템 동바리

한국

◆ **노가다 4일 차** ◆

'시스템 동바리'라는 팀에서 일했다. 건설 중인 건물의 내·외벽에서 다른 팀이 작업할 수 있도록, 발판을 설치 및 해체하는 게 주된 업무다. 철 따위 등으로 만들어진 건축 자재들을 어깨에 지고 나르는 단순 작업의 반복이었다.

매일 새벽 5시에 일어나 간단히 세수하고, 5시 30분이 되면 숙소 앞에 대기 중인 팀장님의 승합차에 탄다. 그는 40대 중후반인 것 같다. 졸다 보면 아파트 건설 현장에 도착해 있다.

아침 6시에 식사를 마치고 모든 인원이 도수 체조를 한 뒤, 대기업 총괄 담당자의 아침 조회를 듣는다. 교장 선생님 훈화 말씀 같다. 7시가 되면 각자 배정된 현장으로 흩어진다. 오전 11시 30분이 되면 식당으로 집결해 점심 식사를 한다. 밍기적대다가 오후 1시가 되면 다시 일을 시작한다.

8월의 오후는 태양이 온몸 구석구석을 불사르는 날씨다. 굵은 땀방

울은 멈출 줄을 모른다. 간절한 마음으로 시계를 바라보지만, 고작 1분이 지났을 뿐이다.

오후 4시가 되면 하던 일을 멈추고 숙소로 복귀한다.(한번은 30분 조기 퇴근한 적도 있다.) 숙소 근처 식당에서 팀원들과 이른 저녁 식사를 한 뒤 각자 방으로 흩어진다.

온몸을 뒤덮은 근육통을 씻어내기 위해 숙소 맞은편 사우나로 향한다. 뜨끈한 온탕에 몸을 담가놓거나, 냉탕 폭포수로 아픈 곳을 마사지 받는다. 샤워 후 바나나맛우유 한 개를 조금씩, 천천히 들이켠다. 1,400원으로 짧은 행복을 산다.

무인카페에 들러 카페인 없는 오렌지 쥬스를 마시며 책상에 앉아 졸면서 영어 단어를 외운다. 새벽에 일어나야 하므로, 저녁 9시에 이불을 덮는다. 4일째 잠이 안 온다. 편의점에서 소주 한 병을 샀다. 반병을 마시고 다시 눕는다. 잠이 안 온다. 조졌다.

◈ 노가다 9일차 ◈

팀원들과 제법 친해졌다. 운송 사업을 하다가 크게 망했다는 맏형, 아버지 수술비를 벌기 위해 2년째 묵묵히 일하고 있는 동생, 본인의 의지와 상관없이 어마어마한 빚을 강제로 상속받게 된 동생 등 저마다 깊은 사연을 갖고 있었다.

'노가다나 한번 해볼까?' 하는 가벼운 생각으로 여기 온 나는 부끄러울 수밖에 없었다. 어른들이 땡볕 아래에서 일하는 사람들을 가리키며 "저렇게 안 되려면 공부 열심히 해야 한다."고 하는 말을 곧이 곧대로 믿었다.

　스스로 생각하고 판단하려 하지 않았다. 남들의 시선으로 세상을 바라봤다. 어른들이 깔보던 그 세상에 직접 들어와 보고 깨달은 것은, 어느 누구도 인생을 막사는 사람은 없다는 거다. 이곳은 더 나은 내일을 위해, 묵묵히 고행을 견뎌내는 사람들이 모인 곳이다.

◆ 노가다 11일차 ◆

　뜨거운 땡볕 아래에서 땀을 뻘뻘 흘리며, 무거운 철 기둥을 어깨에 지고 움직일 때마다 머리가 핑 돈다. 현기증 증세다. 잠시 숨을 돌리고 있는데, 빨간 안전모를 쓴 작업반장과 눈이 마주쳤다. 그는 나보다 10살 어린 친구다.

　"씨발, 야! 놀러 왔냐?"

　4년 전 학원에서 시원한 에어컨 바람을 맞으며, 영상을 배우던 장면이 오버랩 됐다. 공부에만 집중할 수 있던 그때가 그립다. 돌아가고 싶다. 그럴 일은 없겠지만, 만약 돌아갈 수만 있다면 더 열심히 할 텐데.

　온몸에 파스를 붙이고 자리에 누웠다. 그때 명곤이 형에게 연락이 왔다.

　"동티모르에 다큐멘터리 촬영하러 갈 보조 인력이 필요한데 혹시 생각 있어?"

　왕복 항공권도 회사에서 제공해 주고, 급여도 따로 주겠다고 했다.

시간이 지나면 익숙해진단다

게다가 원하는 날짜에 귀국할 수 있게 일정을 조율해 줄 테니, 여행하다가 귀국해도 된다고 했다. 다시 여행을 갈 수 있다니!

'이번이 진짜 마지막이야…'

거절하기엔 너무 달콤한 제안이었다. 더 이상 영상을 하지 않겠다고 다짐했지만, 이번만은 예외로 두기로 했다. 마트 할인 전단지에 '전 품목 세일! 단, 일부 품목 제외'와 같은 편리한 문구도 있지 않은가. 꼭 가고 싶다고 답했다.

◆ 노가다 12일차 ◆

마음이 풀어진 탓일까. 퇴근을 5분 남겨두고 사고가 발생했다. 기둥을 해체하다가, 철로 된 무거운 공구로 오른손 엄지손가락의 손톱을 강하게 내려쳤다. 예상치 못한 충격에 손가락이 얼얼했다.

장갑을 벗어보니 손톱은 피부로부터 조금 떠 있었고, 그 틈새로 검은 피가 차오르고 있었다. 팀원들이 깜짝 놀라 다가와서 괜찮냐고 물었다. 맏형이 말했다.

"네 몸은 네가 챙겨야 돼."

공사장 근처 동네 병원에 들러 응급처치를 받았다. 숙소로 돌아와 팀장님에게 그만두겠다고 했다. 그는 '알았다'고만 했다.

다음 날 새벽 5시 30분, 현장으로 떠나는 팀원들에게 작별 인사를 하고 다시 잤다. 느지막이 10시쯤 일어나 짐을 챙겨 숙소를 떠났다. 병에 절반 남은 소주를 TV 옆에 남겨두고서.

퇴근 10분 전, 사고가 났다

나를 쌓는 3가지

◈ 하나. 기록하기 ◈

 일상의 사소한 것들을 적어보자. 거창할 필요 없다. 내 경험담을 풀어보자면, 집 앞 산책로에서 가볍게 러닝하고 있던 날이었다. 싱글렛을 입고 맞은 편에서 달려오던 할아버지가 있었다. 그는 뜬금없이 주먹을 불끈 쥔 오른손을 들어, 나를 향해 큰 목소리로 "화이팅!"하고 외쳤다. 심지어 나는 검은색 선글라스를 쓰고 있어서 눈을 제대로 마주치지도 않았는데 말이다!

 전혀 예상 못한 상황이었지만 '이게 러너들의 인사법인가' 하는 생각에 나도 주먹을 불끈 쥐고 수줍게 "화이팅!"하고 화답했다. 어색했지만 덕분에 즐거웠다. 평소라면 러닝하고 집에 오자마자 샤워부터 하는데, 이날만큼은 방금 있었던 일을 기록했다.

 한 가지 팁이 있다면, 감정을 담는 것이다. 기쁨, 분노, 슬픔, 즐거움은 아주 훌륭한 소스가 된다. 나는 감정을 느끼는 게 서투르기 때문에, 가급적 상세히 그리고 과감히 표현하려고 한다.

 부정적인 감정도 솔직하게 털어놓자. 기록에 감칠맛을 더해준다. 천천히 적어 내려가다 보면 마음이 진정되고, 지난 일들을 돌이켜볼 기회가 되기도 한다. 이렇게 모은 사소한 기록은 이야기가 된다.

　일기는 쓰는 것만큼 꺼내보는 것도 중요하다. 솔직한 나를 돌이켜 보는 것으로, 미처 몰랐던 모습을 발견할 수도 있다. 거기에 더해 '타인이 바라는 나'가 아닌, '내가 되고 싶은 나'에 대해 고민해보는 계기가 된다. 매주 일요일 오후, 주간 일기를 펼쳐보는 루틴으로 나를 돌아보고 있다.

　내 이야기가 특별한 이유는 '유일'하기 때문이다. 여러 사람이 같은 장소에서, 같은 장면을 보더라도 각자 갖는 생각과 느낌은 전부 다르다. 내 표현 방식은 세상 누구도 완벽히 따라할 수 없다. 그러니 나만의 필체를 부끄러워하지 말자.

　다른 사람들에게는 내 이야기가 재미없을 수도 있다. 자연스러운 일이다. 왜냐하면 세상에서 제일 재밌는 이야기는 '내 이야기'이기 때문이다. 내 이야기의 가치를 정하는 건 타인이 아니라 바로 나다.

◆ 둘. 내 생일 챙기기 ◆

　26살 생일을 맞아, 독백하는 어느 유튜버의 영상을 보고 많은 생각이 들었다. 밤이 깊어가는 어두컴컴한 원룸 옥상에서 스탠드 의자에 엉덩이를 걸터앉아, 카메라에 대고 지난 시간에 대한 아쉬움을 토로하는 영상이었다. 스스로를 축하해주기 위해 대형마트에서 싸게 샀다는 와인 한 병을 마시는 것으로 영상은 끝이 난다.

　내 생일은 이십 대 중반이 되기까지만 해도 항상 누군가와 함께였다. 참 복도 많다. 하지만 그 이후로 혼자 생일을 보내는 날이 많았다. 일 때문에, 돈이 없어서, 바빠서 등 온갖 편리한 이유로 일 년에 한 번뿐인 기념일을 등한시해 왔다.

언제부터인가 반복되는 지루한 일상에 지쳐갔다. 나노 모르는 사이에 쳇바퀴에 갇힌 다람쥐가 되어 있었다. 피니시 라인 없이 맹목적으로 달리기만 하는 행위에 신물이 났다. 그 무렵이 스물아홉 살이었다.

나 같은 사람이 또 있을까. 10년 만에 우연히 마주한 한 권의 책, 그리고 어쩌다 마주친 유튜버의 독백을 통해 의문이 생겼다. 언제든 쉽게 사 먹을 수 있는 케이크나 와인에 '생일'이라는 프리미엄 태그를 달고 싶어 하는 그들의 심리는 무엇일까. 생일을 챙긴다고 삶이 달라지는 것도 아닌데 말이다.

서른 살이 되는 날, 그들의 의식을 흉내 내본다. 프랑스 보흐도 공항의 카페에서 약소하지만, 셀프 생일 축하 파티를 해봤다. 역시나 달라지는 건 없었다.

그로부터 1년 후 나에게 생일 선물로 좋아하는 사진 전시회를 보여주고, 맛있는 음식을 먹을 수 있도록 느긋한 하루를 선물했다. 또다시 1년 후, 세계여행에 대한 이야기를 담은 책의 샘플을 스스로에게 선물했다.

두 번의 생일을 챙겨보니 조금은 알 것 같기도 하다. 생일은 마라톤 같은 인생에 작은 쉼표가 되어주었다. 앞으로 채워나갈 삶에 대해 잠깐 고민해볼 체크포인트로 삼을 수 있다는 것이다.

용감했던 일, 창피했던 일, 후회되는 일들을 가만히 떠올려 본다. 앞으로 어떻게 살고 싶은지 스스로에게 묻는다. 명확한 결론을 내리지 않아도 괜찮다. 그 시간을 충분히 만끽하는 게 중요하니까. 매년 4월 18일은 봄날의 포근한 햇살이 내리쬐고 있다. 봄에 태어나서 다행이라고 생각한다.

◆ 셋. 관점 바꾸기 ◆

버스를 타면 승객에게 먼저 인사를 건네는 기사가 있는가 하면, 먼저 인사를 건네도 눈길조차 주지 않는 기사도 있다. 처음엔 인사를 제대로 받아주지 않는 일부 기사들의 태도에 기분이 안 좋았다. 무시 당하는 것 같아서. 하지만 무례한 승객에게 휘둘리는 선한 기사들의 모습을 보고 생각이 바뀌었다.

'어쩌면 우리가 이 사람들의 마음을 닫아버린 게 아닐까?'

비슷한 경험이 떠오른다. 카운터 알바 중이었는데, 자신의 짜증을 처음 보는 나에게 전가시키는 손놈이 있었다. 그냥 내가 싫어서 말끝마다 꼬투리를 잡는 군대 선임도 있었고, 문제가 발생하자 자기들은 잘못한 게 없다며 우리 회사에 모든 책임을 떠넘기는 클라이언트도 있었다.(하필 프로젝트 책임자가 나였다.)

친절로 사람들에게 먼저 다가갔지만, 소수로부터 받은 정신적 스트레스 때문에 점점 지쳐갔다. 그때부터 스스로를 방어하기 위해, 마찰이 생기지 않는 선에서 사람을 대하기 시작했다. 그게 당시 최선이었다고 생각한다. 모르는 사이에 나는 무미건조한 사람이 되었다. 내가 바란 건 이런 모습이 아니었는데. 잊었던 울분이 다시 차오르는 것 같다. 젠장.

'남이 버린 쓰레기를 내 주머니에 넣으면, 내 주머니만 더러워지는 거잖아요.'

내가 가장 좋아하는 스포츠 선수가 한 말이다. 그는 실력으로나 인품으로나, 흠잡을 데 없이 전 세계가 사랑하는 사람 중 한 명이다.

그에게도 시련은 찾아왔다. 일시적으로 실력이 떨어진 거였지만, 기다렸다는 듯 많은 사람들이 그를 깎아내렸다. 언론까지 달라붙어 은퇴할 때가 되었다고 압박해 왔다. 보는 사람이 힘들 정도로 온 세상이 깎아내려 댔다.

하지만 그는 포기하는 대신 더 노력하는 쪽을 선택했다. 숱한 좌절을 겪으면서도 자신만의 해답을 찾기 위해 끊임없이 고민했다. 이후 여러 대회에서 우승했고, 더 나은 사람이 되기 위해 계속 노력하는 중이다. 여전히 그를 싫어하는 사람이 있지만, 전보다 그를 좋아하는 사람이 더 많다. 그의 최근 인터뷰 영상을 보고 있으면, 우리가 사랑할 수밖에 없는 매력이 느껴진다.

'감정을 감정으로 받아들이지 말자.'

'나'로부터 상대방을 보는 게 아니라, 3자의 입장에서 '우리'를 보는 방법은 적어도 내게 꽤 효과가 있다. 상대방이 내밀고 있는 게 쓰레기인지 아닌지 판별하는 데 큰 도움이 된다.

더 나아가 상대방이 '그렇게 행동할 수밖에 없는 이유'를 추측해 보면서, 이야기를 조금 덧대면 하나의 콘텐츠가 된다. 다양한 사람들에게서 발견하는 스토리는 한정판 굿즈를 모으는 것 같은 재미가 쏠쏠하다. 서른 살 아저씨가 되고나서 그런 재미로 산다.

깜빡이 없이 불쑥 내 앞으로 끼어드는 옆 차를 보고 '오... 그런 방법이!'라며 감탄하곤 한다. 정작 옆에 앉은 엄마는 그런 내가 답답하다고 하지만.

한 걸음만 뒤로 물러서 보자. 주머니를 쓰레기로 가득 채우기엔, 세상에 재밌는 일이 미치도록 많다는 사실을 깨닫게 될 것이다.

꾸따 최악의 호스텔

인도네시아

　동티모르에서 다큐멘터리 촬영을 마치고 인도네시아 발리섬으로 향했다. 동행한 감독님은 먼저 한국으로 돌아갔고, 나는 응우라라이 공항이 있는 발리섬의 '꾸따'라는 지역에 숙소를 잡았다. 새로운 여행의 시작이다.

　딱히 보고 싶은 것도, 먹고 싶은 것도 정해두지 않았다. 2달 동안 머물다 가겠다는 생각으로 인도네시아에 왔다. 그런 식으로 물 흐르듯 떠돌아다니는 게 내 여행 스타일이 되었다. 10월임에도 자비 없이 내리쬐는 발리의 태양으로 인해, 곳곳에 아지랑이가 피어올랐다.

　예약한 숙소는 26인 1실 도미토리였다. 가운데 통로를 마주 보고 2층짜리 침대가 설치돼 있었다. 일본에서 묵었던 캡슐 호텔과 유사한 모습이다.

　호스트가 리모컨으로 에어컨 전원을 직접 관리한다. 아침 9시에 껐다가 저녁 6시에 켜는 지독한 루틴을 지켰다. 이해를 못 하겠네. 에어컨이 꺼지면, 실내는 삽시간에 찜질방을 방불케 한다. 반면 밤에 기온이 뚝 떨어져, 에어컨 찬바람에 이빨을 덜덜 떨면서 자야 했다. 에어컨을 켜야 할 시간에 끄고, 꺼야 할 시간에 켜대니 환장할 노릇이었다.

거울 앞에 서서 목덜미로 흐르는 땀줄기를 바라본다. 얼마 전까지만 해도 노가다 현장에서 땀방울을 흘리고 있었는데, 지금은 인도네시아의 초저가 도미토리에서 땀을 흘리고 있다.

찬물로 샤워를 하려고 화장실에 갔다. 맙소사. 변기와 샤워 부스가 한 공간에 있었다. 성인 남성 2명이 들어가면 꽉 찰 면적이다. 게다가 변기가 공간의 중앙에 위치하고 있어, 도무지 샤워를 할 수가 없을 것 같아 보였다. 거름망 없이 뻥 뚫린 시커먼 하수구는 바퀴벌레가 기어 오르는 장면을 떠올리게 한다. 끔찍하다. 남의 집 화장실에서 몰래 샤

워하듯 후다닥 씻고 도망치듯 뛰쳐나왔다.
 에어컨이 돌아가고 있는 저녁에 생긴 일이었다. 침대에 누워 게임을 하고 있었는데, 맞은 편 침대를 사용하고 있는 인도네시아 남자가 말을 걸어왔다. 자카르타에서 왔다는 '밤방'은 자칭 '자카르타 핸섬보이'라고 소개했다.
 "살면서 이런 최악의 호스텔은 처음 겪어봐."
 "하하하. 나도 그래. 자카르타보다 시설이 많이 안 좋네. 빨리 나가고 싶어."
 자카르타에서 여자 친구가 기다리고 있다는 말에, 어째서 같이 오지 않았냐고 물어봤다.
 "여자 친구는 일하는 중이라 같이 못 왔어. 나는 경찰 시험에 합격해서 발령을 기다리는 동안 잠깐 놀러 온 거야."
 "여자 친구가 섭섭해하지 않아?"
 "아쉽지만 어쩔 수 없지. 그리고 나는 잘 생겼으니까 괜찮아. 우리는 5개월 뒤에 결혼할 거야."
 처음에는 '핸섬보이'가 인도네시아에서 어떤 의미를 지니고 있는 줄 알았는데, 그냥 자기가 잘 생겼다는 뜻이었다. 처음에는 어이가 없어서 웃음이 터져 나왔지만, 그는 신경 쓰지 않았다.
 "아임 핸섬보이."
 흔들림 없는 그의 자신감에 묘하게 끌렸다. 이유는 모르겠다. 인생을 살아가는데 가장 중요한 건 밤방이 가진 자신감 같은 게 아닐까.

그의 여자친구 입장도 들어보고 싶어졌다.
 "다음 달에 자카르타에 놀러 오면 연락해. 내 여자 친구 소개시켜 줄게."
 밤방은 꾸따 최악의 호스텔에서 만난 최고의 인연이었다.

USIM 얼마에 사셨어요

인도네시아

　자유롭게 돌아다니려면 인터넷을 사용할 수 있는 USIM이 필요했다. 아침 9시에 울리는 에어컨 전원 종료음을 신호탄 삼아 숙소를 박차고 나왔다.

　번화가를 배회하다가 가장 먼저 눈에 띈 간이 잡화점을 찾았다. 주인아저씨는 휴대폰을 보면서 혼자 킥킥 웃어대고 있었다. 가볍게 인기척을 냈더니 그제야 나의 존재를 인식한다. 아저씨는 가장 저렴한 30일짜리 14GB USIM을 권했다. 230,000 루피아(21,000원)라고 했다.

　'생각보다 저렴하네?'

　다양한 나라를 여행하면서 쌓은 데이터를 근거로 빠르게 구매를 결정했다.

　아저씨는 만약 USIM이 제대로 작동하지 않으면 다시 오라고 했다. 30분 후 상점으로 돌아갔을 때, 아저씨는 여전히 킥킥거리며 웃고 있었다. 그가 휴대폰을 재부팅했더니 USIM이 정상적으로 작동한다. 아저씨는 즐거운 여행하라며 넉살 좋게 웃어주었다.

대형마트 입구에서 비슷한 조건으로 USIM을 판매하는 팝업 스토어를 발견했다. 눈물이 찔끔 나올 만큼 좋은 조건이었다. 조금만 더 알아보고 살 걸… 환불을 요구하자니 상품 내용에 큰 차이는 없었고, 체념하자니 성급했던 행동이 아쉬웠다.

하룻밤 자고 일어났지만 억울함이 가시질 않았다. 어떤 방식으로든 납득이 필요했다. 해변가에 설치된 하트 모양의 커플 의자에 혼자 앉아, 가만히 바다를 바라보며 생각했다.

'분명 나보다 더 비싸게 USIM을 산 사람들이 있을 거야.'

참 치졸한 생각이었지만, 마땅히 좋은 아이디어가 떠오르지 않았다.

USIM 가격에 대한 평균값을 얻기 위해 7~8곳의 매장을 방문했다. 내가 구매한 제품과 최대 5,000원 정도 차이가 날 뿐이었다. 놀라운 사실은, 내 USIM보다 비싸게 파는 곳은 한 곳도 없다는 것이다. 다시 한번 억울함이 밀려든다. 아오.

관광객들에게 질문할 인터뷰 스크립트를 준비했다. 영어로 멘트를 던져야 하는 게 난관이었다. 영어 발음에 자신이 없는데… 다짜고짜 길 가는 사람을 붙잡고 'USIM 얼마에 사셨어요?'라고 물어볼 수 있는 두둑한 배짱 역시 필요했다.

하지만 자신감이 너무 과하면, 잡상인으로 비춰질 리스크도 있다. 거절당하면 속상할 예정이므로, 멘트를 쉽고 간결하게 짰다. 머릿속

으로는 영어 인터뷰 멘트를, 한 손에는 카메라를, 두 눈으로는 홀로 거리를 배회하는 관광객들을 찾아다녔다.

섣불리 말을 붙이지 못하고 쭈뼛거리며 망설이기를 한 시간이 지났다. 처음 보는 사람에게 도저히 말을 걸 용기가 나지 않았다. 사글사글 웃으며 길거리에서 전단지를 나눠주는 사람들이 얼마나 대단한 일을 하고 있던건지 이제야 깨닫는다.

'어차피 한 번 보고 말 사이인데.'

조금 이기적이어도 괜찮지 않나. 어차피 외국인데. 그렇게 생각하니 한결 마음이 가벼워진다. 마침 맞은편에서 터벅터벅 걸어오고 있는 키 큰 남자를 발견했다. 자연스럽게 그의 옆을 스치듯 지나가다가 획하고 뒤를 돌아 불쑥 말을 걸었다.

"안녕하세요. 뭐 좀 물어봐도 될까요? 저는 한국에서 온 An이라고 합니다. 인도네시아 USIM 가격에 대한 영상을 만들고 있는데요. 제가 USIM을 비싸게 구매해서요. 다른 사람들은 얼마에 샀는지 물어보고 있어요."

 흰 수염 할아버지, 토마토색 티셔츠 남성, 금발의 여성, 20대 남녀 커플 한 쌍에게 말을 걸었다. 아무도 거절하지 않고, 6명 모두가 낯선 동양인의 질문에 흔쾌히 답해줬다.

 그러나 정확한 비교군을 얻지는 못했다. USIM의 데이터 GB 용량이 다르거나, 통신사 브랜드가 달랐다. 심지어 흰 수염 할아버지는 길거리를 돌아다니며 무료 WiFi를 주워다 쓰는 중이라고 했다. 대단하다.

 맨 처음 말을 걸었던 키 큰 남자는 되려 최저가 USIM 판매처를 추천해달라고 했다. 어제 대형마트 입구에서 본 팝업 스토어를 추천해줬다. 그는 그것조차 비싸다고 사지 않았지만.

 인터뷰를 마치고 저녁을 먹으러 자주 가던 골목식당에 들렀다. 지도에 없는 나만 아는 맛집이다. 사장님에게 건의해서 세트 메뉴로 고정해 두고 싶을 정도로 궁합이 좋은 나시고랭, 치킨 사테, 병맥주를 주문했다. 어제보다 더 맛있는 것 같다.

 인터뷰 영상을 하나씩 돌려봤다. 영상 속에는 원하는 답을 얻기 위해 필사적으로 노력하는 내가 있었다. 나도 하면 할 수 있는 사람이었구나. 새로운 내 모습을 발견한 즐거운 시간이었다. 이 경험이 훗날 어떻게 되살아날지 기대된다.

따이와 브로모 화산

인도네시아

발리섬을 떠나 자와섬의 수라바야라는 도시에 도착했다. 그리고 숙소 사기를 당했다. 예약한 숙소로 찾아가니, 더 이상 존재하지 않는 곳이란다. 나름 여행 경험이 있어, 사기를 판별할 줄 안다고 자부했는데… 인도에서 첫날 그랬던 것처럼, 발품을 팔아 실존하는 도미토리를 어렵게 찾았다. 여기서 베트남 청년 '따이'와 만났다.

그는 영어가 서툴렀고, 나는 베트남어를 할 줄 몰라 번역기를 사이에 두고 대화했다. 나의 인도네시아 여행 루트는 《 발리섬 → 자와섬 → 수마트라섬 》 순서였는데, 따이는 정반대로 여행하고 있었다. 그것도 자전거로!

"내일 나랑 브로모 화산 갈래?"

혼자 다니고 싶었기 때문에, 따이의 제안을 거절했다. 하지만 그는 끈질겼다. '오토바이는 내가 운전할게', '비용을 반반씩 내면 저렴하게 브로모 화산에 갈 수 있어', '함께 하면 재미있을 거야'라는 등 포기할 줄 모르는 그의 설득에 더 이상 거절할 핑계가 떠오르지 않았다.

마지못해 'OK'라고 답하자 그는 해맑게 웃었다. 이 정도는 돼야 자전거로 세계 일주를 할 수 있는 거구나.

다음 날 우리는 브로모 화산이 있는 '말랑'에서 다시 만났다. 수마트라에서 편하게 기차로 이동한 나와 달리, 따이는 자전거로 9시간을 달려왔다. 그는 땀으로 흠뻑 젖어 있었지만 해맑은 웃음은 여전했다. 참 대단한 사람이다.

우리는 근처 시장에서 저녁 식사를 하며 화산 투어 계획을 세웠다. 출발 시간은 새벽 2시. 오토바이 렌탈까지 무사히 마치고 밤 10시에 잠에 들었다.

부스스 눈을 떠보니 새벽 1시 47분이었다. 충분한 수면을 취하지 못했기 때문에, 온몸이 피로에 젖어 있었다. 예정대로 새벽 2시에 오토바이를 타고 숙소를 떠났다.

'부릉! 부릉-!'

한밤중에 도로 위를 달리는 사람은 우리뿐이었다. 따이는 지도를 보면서 달려야 했는데, 오토바이에는 스마트폰 거치대가 없었다. 그래서 뒷자리에 앉은 내가 네비게이션을 들었다.

따이가 경로 확인이 필요할 때쯤 지도를 내밀었다. 그러면 그가 고개를 돌려 가볍게 지도를 슥 보고 다시 정면을 주시한다. 그때 네비게이션을 치워준다. 제법 죽이 척척 맞았다. 그리 오래가지는 않았지만.

"여긴 어디야?"

따이는 당황해서 지도를 보여달라고 했다. 우리는 빛 한 조각 없는 캄캄한 산속에 있었다. 휴대폰은 '서비스 불가 지역'이라며 인터넷과 GPS 신호가 먹통인 상태였다.

뒤로 돌아 산에서 빠져나왔다. 밭이 딸린 집 몇 채가 옹기종기 모여 있는 작은 마을이 나타났다. 새벽 3시에 불이 켜져 있는 집은 아무 데도 없었다. 마침 담배를 피우러 마당에 나온 아저씨와 눈이 마주쳤다.

"브로모 마운틴이 어디예요?"

아저씨는 영어를 전혀 못 했지만, '브로모'를 듣더니 우리가 빠져나왔던 어두컴컴한 산길을 가리켰다. 우리는 다시 오토바이를 돌려 빠져나왔던 산을 향해 달렸다.

한참을 달린 뒤에야 아스팔트 포장 도로가 나왔다. 휴대폰이 작동한다. 브로모 화산 전망대에 도착했을 때 이미 해가 떠 있었고, 시간은 새벽 5시가 넘었다. 그리고 너무 추웠다.

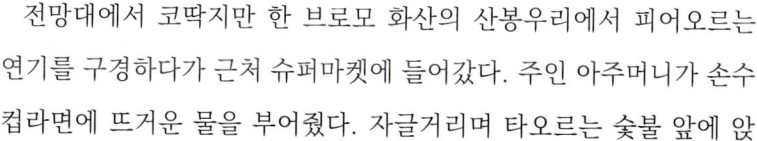

전망대에서 코딱지만 한 브로모 화산의 산봉우리에서 피어오르는 연기를 구경하다가 근처 슈퍼마켓에 들어갔다. 주인 아주머니가 손수 컵라면에 뜨거운 물을 부어줬다. 자글거리며 타오르는 숯불 앞에 앉아 얼어붙은 몸을 녹인다. 아, 살 것 같다.

목욕탕 플라스틱 의자에 앉아 뜨끈한 라면 국물을 들이켰다. 위장을 타고 흐르는 시뻘건 액체가 온몸의 생기를 복돋아줬다. 긴장이 풀린 탓인지 졸음이 몰려왔다. 앉은 상태로 무릎에 고개를 처박고 그대로 잠에 빠졌다.

눈을 떴을 때, 슈퍼마켓에는 나 홀로 덩그러니 남겨져 있었다. 다시 전망대로 갔더니, 따이가 열심히 산봉우리 사진을 찍고 있었다. 그러거나 말거나 나는 빨리 침대에 누워 부족한 잠을 보충하고 싶었다. 따이도 슬슬 만족했는지, 오토바이에 시동을 걸었다.

그런데 그는 왔던 길을 되돌아가지 않고 산봉우리를 향해 내리막길을 탔다. 그렇다. 우리가 본 건 진정한(?) 브로모 화산이 아니었던 것이다. 어쩐지 관광객이 많이 없더라...

진짜 브로모 화산으로 향하는 입구에는 관광객들을 실어 나르던 지프차들이 주차해 있었다. 가이드의 안내에 따라 정상으로 향하는 관광객들의 뒤를 조용히 밟았다.

꼭대기로 향하는 계단을 보고 '컥-'하고 숨이 멎었다. 계단의 칸수가 족히 100개는 되어 보였다. '천국의 계단'을 보는 듯했다. 오르다가 숨 멎으면 그대로 가는건가.

터질 것 같은 허벅지를 부여잡고 정상에 다다랐다. 드러난 브로모 화산의 실체. 분화구가 움푹 파여 들어가 있었고, 중심은 큰 구멍이 뻥 뚫려 있었다. '개미지옥' 같은 구멍을 보고 있자니, 큰 벌레가 툭

튀어나와 하늘로 날아오를 것만 같다. 다행히 그런 일은 없었지만. 스멀스멀 일산화탄소가 녹아있는 누런 연기가 뿜어져 나올 뿐이었다.

하지만 기대했던 화산의 이미지와 너무 달라 김이 샜다. 생생하게 흘러내리는 진분홍색의 마그마를 기대했는데. 따이는 내 마음도 모르고 혼자 신나서 열심히 산봉우리 사진을 찍었다.

"화산 속으로 뛰어드는 내 모습을 찍어주세요."

따이가 자세를 잡았고, 시키는 대로 셔터를 눌렀다. 그는 사진을 받아 들더니 나를 자리에 앉히고 셔터를 눌렀다.

"이것과 똑같이."

나름 영상 PD였는데... 뭐 이제 상관없나? 열심히 서로의 인생샷을 찍어주고 집에 갔다.

자카르타 핸섬보이 밤방

인도네시아

　점심 즈음, 자카르타 기차역에 도착했다. 꾸따 최악의 호스텔에서 만난 밤방이 역까지 마중 나와 있었다. '밥 한번 먹자'는 뉘앙스로 가볍게 놀러 오라는 건 줄 알았는데, 밤방은 진심이었나보다.
　그는 꾸따에서 만났을 때와 다른 모습이었다. 밤톨처럼 머리카락을 짧게 잘랐다. 경찰이라서 머리를 깎은 거냐고 물어봤더니 그냥 한 거란다. '아임 핸섬보이'를 덧붙이며.
　오토바이를 타고 그가 자주 간다는 밥집에 점심을 먹으러 갔다. 인도네시아 밥집은 뷔페처럼 음식들이 쫙 깔려 있다. 사장님에게 원하는 메뉴를 얘기해서 접시에 받아먹는다. 가격도 먹은 만큼 지불한다. 물론 모든 식당이 꼭 이렇지는 않다. 사장님 마음대로다. 허기진 배를 달래려 눈에 띄는 대로 음식을 집어 들었다.
　밤방이 나를 위해 미리 예약해둔 도미토리로 갔다. 프론트 데스크에서 체크인 할 때, 밤방이 지갑을 열어 숙박비를 계산하려 했다. 기차역까지 픽업하러 오고, 점심까지 사주고, 숙소도 찾아봐줬는데 숙박비까지 내주려고 하다니. 다급하게 한 손으로 그의 지갑을 막아섰다.

"노!"

자신이 가격을 착각해서 12,000원을 더 지불해야 한다며 미안해했다. 내가 홀로 여행 다니면서 쌓인 피로를 풀 수 있도록, 좋은 호텔을 찾아준 밤방의 마음만으로도 충분히 고마웠다.

지금껏 묵었던 인도네시아의 숙소 중에서 제일 깔끔하고 쾌적했다. 숙소 내부를 꼼꼼히 확인한 밤방은 여자 친구를 만나러 가야 한다고 떠났다. 따뜻한 물에 샤워하고 침대에 누웠다. 리모컨을 조작해서 에어컨을 원하는 온도로 설정하고, 김밥처럼 이불에 몸을 돌돌 말았다. 따스한 포근함에 스르르 눈이 감긴다.

밤방이 저녁 식사에 초대해 줬다. 관공서에서 일하고 있는 그의 여자 친구 '무디아', 석사 과정을 밟고 있는 밤방의 친구 '제인'을 만났다. 제인은 남자다.

밤방에게 어떻게 무디아와 처음 만났는지 궁금하다고 운을 띄웠다. 그가 SNS를 통해 먼저 메세지를 보내는 것으로 인연이 시작됐다고.

"무디아는 나랑 결혼하고 싶어 해."

녀석. 처음부터 세게 나온다. 무디아의 눈치를 살폈다. 그런데 그녀는 수줍게 웃고 있을 뿐이었다. 제인은 익숙한 일인 듯 묵묵히 젓

가락질했다.

"나는 동의만 하면 돼. Because she loves me. I'm handsome."

그 말에 모두 빵 터졌다. 한 달이 지났지만 변하지 않은 밤방의 자신감을 보고 안도했다.

친구들이 자주 간다는 카페에 따라갔다. 시원한 에어컨 바람이 불어오는 실내가 아니라, 야외 테이블에 세팅된 카페였다. 음식은 푸드트럭에서 주문한다.

지붕 없이 뻥 뚫린 밤하늘을 보니 속이 시원했다. 밤공기를 타고 불어오는 바람은 에어컨의 그것으로 흉내 낼 수 없는 기분 좋은 질감이었다. 분위기를 곁들인 아이스 카페라떼가 유달리 맛났다.

친구들은 〈오징어게임 시즌1〉을 계기로 한국 드라마에 관심을 갖게 됐다고 했다. 세계적으로 잘 알려진 K-드라마는 이미 꿰차고 있었다. 특히 제인은 한국인들의 풍부한 감정 표현이 인상 깊었다고 했다. 그는 한국인인 나보다 더 찰진 한국어 욕을 할 줄 알았다. 외국인들이 처음 언어를 접할 때, 욕을 가장 먼저 배운다는 말이 생각났다.

제인이 네이티브 코리안 배드 워드를 듣고 싶다고 했다. 기대에 찬 그의 얼굴에 대고 무심하게 욕을 해줬다. 제인은 드라마에서 본 그대로라며 박수를 쳤다. 욕하고 박수 받아보기는 처음이다. 얼떨떨하네.

"'아징', '방살'은 인도네시아 욕이야. 분노한 감정을 담아 말하면 돼. 가급적이면 사용하지 않는 게 좋아. 그래도 사기꾼에게 대처할 때는 유용할 거야."

도무지 욕으로 느껴지지 않는 발음이었지만, 알아둬서 나쁠 건 없었다. 대학교 친구들과 스무 살에 술집에서 웃고 떠들었던 것처럼, 외국인 친구들과 서른 살에 카페에서 웃고 떠들었다.

커피값을 내려고 지갑을 열었지만, 친구들이 이미 계산을 끝낸 뒤였다. 하루 종일 받기만 하는 게 미안하다.

"괜찮아. 너는 우리나라에 놀러 온 손님이잖아. 신경 쓰지 마."

아무것도 아닌 나를 '손님'이라는 특별한 사람으로 만들어주는 친구들이 고마웠다. 내가 할 수 있는 건 고작 '한국에 오면 꼭 연락해!' 정도였다.

◆

자카르타의 시작과 끝을 밤방과 함께 했다. 숙소에서 버스터미널로 향하는 길은 생각보다 복잡했다. 그는 반차까지 써가며 사무실에서 가져온 오토바이로 데려다줬다. 밤방이 아니었다면, 버스를 놓쳤을지도 모른다.

밤방이 직접 나서서 매표소 아주머니와 대화하며 온라인 티켓을 실물 티켓으로 교환해 줬다. 뿐만 아니라 버스 정보, 플랫폼 위치까지 상세히 확인했다. 주차 중인 버스에 올라 좌석을 확인하고, 내가 불편할 만 건 없는지 꼼꼼히 체크하고 나서야 안심하는 듯했다.

우리는 대기실 의자에 앉아 치킨 도시락을 먹으며 꾸따에서 처음 만난 날부터, 헤어지는 지금 이 순간까지 지난 시간들을 곱씹었다. 밤방에게서 오래 알고 지낸 친구의 편안함이 느껴진다. 신기하다.

어젯밤에 급히 쓴 손편지 3장을 꺼내 밤방에게 건넸다. 친구들이 내게 베풀어준 마음에 대한 고마움을 전하고 싶었다. 특별함을 담고 싶어 인도네시아어, 한국어로 편지를 썼다.

비록 번역기를 거쳐 쓰여진 인도네시아어라서 온전한 마음을 담기는 어려웠지만, 친구들이라면 이해해 줄 거라 믿었다. 밤방은 고맙다며 친구들에게 잘 전달해 주겠다고 했다.

"밤방, 덕분에 재밌었어. 한국에 오면 꼭 연락해!"

언젠가 친구들과 한복 입고 경복궁에 방문할 날이 기대된다. 양념치킨도 먹여줘야지.

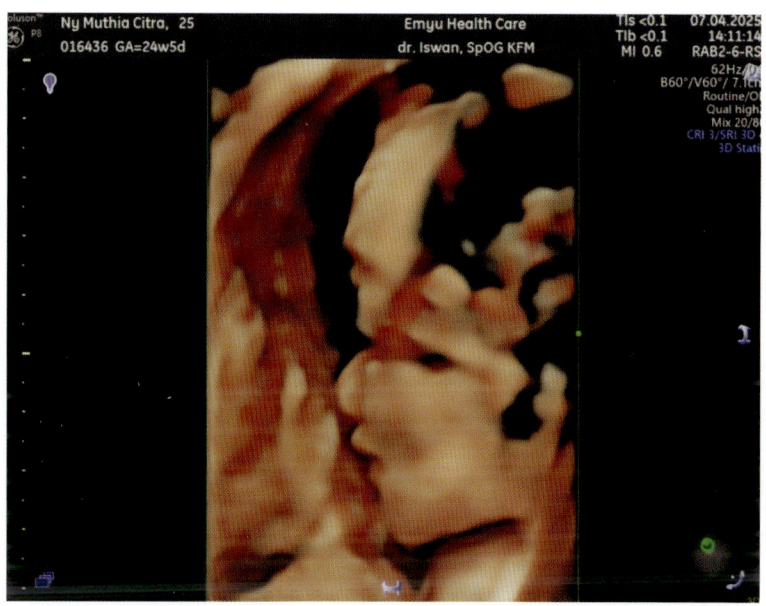

〈 수개월 후, 부부가 된 밤방과 무디아에게 한 생명이 찾아왔다 〉

에필로그

초등학생 때 방학 숙제로 집에서 나뒹구는 분홍색 옷걸이로 활과 화살을 만들었다. 놀라울 만큼 그 누구도 관심을 주지 않았지만. 그럼에도 불구하고 내 인생 통틀어 가장 발칙한 아이디어였다고 생각한다.

일러스트레이터처럼 24시간을 온전히 한 작업에 몰두하는 사람들을 동경해 왔다. 영화 〈세 얼간이〉의 주인공 란초가 그랬던 것처럼 뭔가 만드는 활동이라면, 나의 모든 걸 쏟아부을 수 있을 것 같다는 확신이 든다. 설명은 못 하겠다. 나의 직감이 그렇게 속삭인다.

프로그래밍 학원을 수료하고, 운 좋게 IT 기업에 취직했다. 짧지만 개발자로 일하면서 새로운 분야를 경험할 수 있었다. 설마 자퇴한 대학교의 전공 분야로 취직하게 되는 날이 올 줄은 꿈에도 몰랐다. 그사이 1년이 흘러 서른한 살이 되었다.

세계여행을 하면서 이토록 '나'에 대해 오랫동안 생각해 본 적이 있나 싶다. 나는 어떤 사람인지, 내가 할 수 있는 것은 무엇인지, 나는 어떻게 살고 싶은지에 대한 것들. 처음이라 어색하고 서투른 시간이었지만, 하다 보니 점차 익숙해졌다. 그 과정에서 발견한 미처 몰랐던 새로운 나를 마주하는 재미가 쏠쏠했다.

현대 사회의 속도는 어쩌면 내게 지나치게 빠를지도 모른다는 생각이 든다. 모래 위에 쓴 글자가 밀려오는 파도에 스르르 사라지듯, 어느샌가 당연하게 나를 잊어버린 게 아닐까. 그렇게 생각하면 우왕좌왕할 수밖에 없었던 지난 시간이 이해된다. 나만의 템포가 필요한 이유다.

 이십 대에 흥청망청 시간을 낭비했기 때문에, 스물아홉 살에 큰 좌절감을 느껴야 했다. 그런 현실을 받아들이기 무서워 '나중 일은 나중에 정한다'고 세운 아집이었지만, 오히려 진득하게 스스로를 돌아볼 수 있었던 게 아닌가 싶다.

 우연히 조우한 한 권의 책에서 빌린 용기가 아니었다면, 세계여행은 내게 평생 있을 수 없는 미친 짓이었다.

 '있을 수 없는 일은 있을 수 없다.'

 사람의 마음은 쉽게 겁먹지만, 어렵지 않게 용감해질 수도 있다는 걸 체감했다. 어쩌면 나에게는, 그저 발가락을 움직일 아주 작은 용기가 필요했던 건지도 모르겠다.

 '모든 경험은 이어져 인생이 된다'는 스티브 잡스의 말처럼 의미 없는 경험은 없다고 믿는다. 삼십 대는 꿈을 꾸기에 늦었다고들 말하지만, 지금이 아니면 할 수 없는 일들도 있다.

 나는 더 이상 '가진 게 없다'고 좌절하지 않는다. 스스로 불가능하다고 여겼던 것들을 하나씩 허물어가는 경험을 통해 '나만의 이야기'를 잔뜩 쌓았기 때문이다. 재능은 전혀 중요하지 않았다.

 여행이 나를 바꿔주었다고 생각하지는 않는다. 다양한 관점에서 바라볼 기회를 던져줄 뿐, 선택은 온전히 나의 몫이었다. 흔들리더라도 계속 나를 향해 나아가는 내 모습이 썩 마음에 든다.